田沼意次
汚名を着せられた改革者

安藤優一郎

nbb
日経ビジネス人文庫

プロローグ　再評価される田沼意次

田沼意次といえば、今なお賄賂政治家のイメージが強い。意次が幕政を主導した時代は田沼時代と称されるが、賄賂の横行で政治が腐敗した時代というイメージで捉えられることも未だに珍しくない。

意次が老中として幕府のトップに立った時代は、極度の財政難を背景に商人の知恵や経済力を活用することで、それまでにない政策がとられた時代だった。民間からの献策を取り入れ、バラエティーに富んだ新規事業も積極的に展開された。一連の政策により税収は増加し、財政難が克服される兆しもみえはじめた。従来の幕政の原則にとらわれず、自由な発想のもと幕政に臨んだ結果であった。

しかし、そんな幕府の政治スタンスに利権を見出した商人が賄賂を贈るなどして舞台裏で暗躍したため、政治の腐敗が進行してしまう。政治と金の問題が強く批判されるなか意次は失脚し、田沼時代は終焉を迎える。

こうして、意次の賄賂政治家としてのイメージが定着するが、意次の政治を悪政であるとアピールしたい政治勢力の思惑が影響を与えたことは否めない。過剰にバッシングされたことで、意次の政治やその実像がみえにくくなっている。

意次による一連の政策や新規事業は現代の政策にもつながる先駆的なものだった。当時は江戸の社会が大きな曲がり角に直面した時代で、そんな閉塞した社会状況を打破するため悪戦苦闘した改革政治家こそ他ならぬ意次であった。そうした時代背景を踏まえずして、意次の政治を評価することはできない。

意次には成り上がり者のイメージも強い。六百石ほどの小身《しょうしん》旗本の家に生まれたものの、その才覚により時の将軍徳川家重そして家治の厚い信任を勝ち取り、五万七千石の大名に取り立てられる。そして、幕府トップの老中として権勢をふるい、田沼時代と呼ばれるにふさわしい一時代を築いた。

しかし、家柄が重視された当時の武家社会では、その異数の立身出世が保守的な勢力から妬みを買うのは必至だった。失脚後の悪評に拍車がかかる要因にもなる。

本書は、田沼時代の諸政策の検討を通じて、賄賂政治家のイメージが強い意次の改革者としての実像に迫るものである。

本書の構成は以下のとおりである。

第1章「九代将軍家重の側近として台頭する——旗本から大名へ」では、父の代に幕臣となった意次が将軍側近として頭角を現す過程に焦点を当てる。幕閣を巻き込む疑獄事件となった美濃郡上《ぐじょう》一揆を手際よく処理したことは、意次の政治力が注目される契機となった。

第2章「老中として幕政を担当する——十代将軍家治の厚い信任」では、意次が幕府の実権を握れた理由を探る。老中であるだけでなく、将軍側近の筆頭たる側用人を事実上兼任したことが権勢をふるえた最大の理由だった。

第3章「田沼政権の経済・財政政策——新規事業の時代」では、意次がとった諸政策の実態を明らかにする。一連の政策を立案したのは、経済・財政・金融政策の司令塔たる幕府勘定所であった。

第4章「改革者田沼意次の光と影——成り上がり者への反感」では、意次の政策が社会に与えた影響を考察する。民間からの献策で政策化されたものは少なくないが、それは賄賂が横行する背景となり、意次が賄賂政治家のレッテルを貼られる所以にもなった。

第5章「田沼時代の終焉——嫡男田沼意知の横死」では、政治・経済・社会面から田沼政権が瓦解した理由に迫る。成り上がり者の意次にとり、身代を嫡男意知《おきとも》に世襲させることは悲願だった。

第6章「失脚後の意次と田沼家――失意の晩年」では、意次失脚後の激動の政局を追う。代わって幕府のトップに立った松平定信の政策の大半は、意次の政策を踏襲したものであった。

「エピローグ　改革者としての功罪」では、意次の政治家としての評価を、定信との対比で試みる。

以下、田沼意次の人生とその時代を改めて見直すことで、その実像に迫っていこう。

目次

第2章 老中として幕政を担当する
——十代将軍家治の厚い信任——

第3章　田沼政権の経済・財政政策
――新規事業の時代

第4章 改革者田沼意次の光と影
——成り上がり者への反感

第5章 田沼時代の終焉──嫡男田沼意知の横死──

田沼意次の肖像
提供：アフロ

第1章

九代将軍家重の側近として台頭する——旗本から大名へ

1 意次生まれる

紀州藩士だった父の田沼意行

江戸開府から百年余を経過した享保四年（一七一九）に、意次は旗本田沼意行《おきゆき》の長男として江戸で生まれた。折しも江戸幕府中興の祖と称される八代将軍吉宗の時代にあたるが、三年前の同元年（一七一六）まで意行は紀州藩士の身分だった。

意行の父義房《よしふさ》の代まで、田沼家は三代にわたり紀州藩士の家柄であった。だが、元禄年間（一六八八～一七〇四）に義房は病のため紀州藩を去る。その後、宝永元年（一七〇四）に子の意行が吉宗に召し出された。

当時の紀州藩主は吉宗の兄綱教《つなのり》である。当時頼方《よりかた》と名乗っていた吉宗は越前国丹生《にゅう》・坂井郡で三万石を領する大名（葛野《かずらの》藩主）だった。みずから領地に出向くことはなく、家臣をして所領支配に当たらせたとされるが、意行が吉宗に仕えた翌年に、紀州藩では立て続けに異変が起きる。

宝永二年（一七〇五）五月、綱教が病で死去したことで、弟の頼職《よりもと》が跡を継いだ。

ところが、九月には頼職も死去したため、すぐ下の弟にあたる頼方が名を吉宗と改め、藩主となった。翌十月のことである。

吉宗の藩主就任で意行の人生が変わる

藩主への道は遠かったはずの吉宗だが、兄二人の急逝を受け、図らずも藩主の座に就く。前年に吉宗に仕えたばかりの意行からすると、紀州藩での立身の道が開けたことになるだろう。

吉宗が藩主の座に就いたことを受け、意行は奥小姓に取り立てられる。藩主の側近《そば》くで警護にあたる小姓のうち、奥小姓は中奥《なかおく》小姓とも称され、(表《おもて》)小姓よりも藩主の生活に密着した役職であった。藩主との距離はたいへん近く、意行が奥小姓を勤めることで吉宗から厚い信任を得たのは、その後の出世をみれば明らかだった。

吉宗は二十二歳で第五代紀州藩主となるも、当時紀州藩は極度の財政難に陥っていた。度重なる江戸藩邸の再建で要した莫大な臨時出費に加え、五代将軍綱吉の娘鶴姫が藩主綱教の正室だったことも大きかった。綱吉は二度にわたって紀州藩邸を訪問(御成《おなり》という)しており、その接待費も藩財政に重くのしかかった。

藩財政再建のため、吉宗は自身の日常生活を切り詰めることで支出削減の範を示す。具体的には食事や衣服を質素なものとした。これは将軍となった後も変わらなかった。一日二食で、朝夕食ともに一汁三菜。絹は贅沢品として退け、衣服は木綿のものを着用した。

ただし、これだけでは不十分であり、支出削減に人員整理は避けられなかった。江戸藩邸で雇用されていた者や大勢の奥女中に暇を出し、人件費のカットに大ナタをふるう。

一方、収入の増加策としては、主要財源たる年貢の増収に努めた。年貢の賦課対象を拡大するため、新田開発に力を入れる。治水工事に長けた井沢弥惣兵衛《いざわやそべえ》たちが用水の整備や池の築造を推進したことで新田開発は大いに進み、紀州藩の年貢量は大幅に増加した。

正徳六年（一七一六）まで、吉宗は足掛け十二年にわたり藩政改革を推し進め、各部門で成果を上げる。財政も立ち直り、繰越金十四万両、米十一万六千石が紀州藩の藩庫に蓄えられるまでになった。

財政再建に成功したことで吉宗は名君としての評価を高める。その実績が将軍就任への追い風にもなるのである。

八代将軍吉宗の側近政治

吉宗が紀州藩主として財政再建に取り組んでいた頃、同じく財政難に苦しむ幕府に激震が走る。正徳六年（一七一六）四月に、六代将軍家宣《いえのぶ》の忘れ形見だった七代将軍家継《いえつぐ》が八歳でこの世を去った。

家継に跡継ぎはおらず、ここに秀忠以来の徳川宗家の血統は事実上絶えた。初代将軍家康が万一の時に備えて創立した御三家の当主が徳川宗家、つまり将軍職の継承者として名前が挙がる時がやってきた。

これまでの代替りでは前将軍の意思が後継選びの決め手となっていたのだが、八歳の家継では後継者の指名は難しかった。そこで浮上したのが前将軍家宣の遺命である。家宣の御台所《みだいどころ》だった天英院が家宣の遺命と称し、吉宗に将軍の座に就くよう要請した。その真偽は定かではない。しかし、家宣がこの世にはいない以上、その意思を伝えられていたという天英院の言葉が決め手となる。

吉宗は要請を辞退するも、天英院は将軍への就任を重ねて説得した。同じ御三家の尾張藩主徳川継友《つぐとも》や水戸藩主徳川綱條《つなえだ》も将軍職を継ぐよう求めたことで、吉宗も天英院からの要請を受け入れる。

こうして、正徳六年改め享保元年八月に吉宗は八代将軍の座に就いた。財政難を克服するなどの治績を挙げて名君としての評価を既に得ており、そうした評価が後継者選びでプラスに働いたことは想像するにたやすい。幕政を取り仕切る老中たちも、吉宗を将軍として江戸城に迎えることに賛意を示した。

紀州家から宗家を継いで将軍職を継承した吉宗は、幕府の立て直しに邁進する。世にいう享保の改革を断行したが、享保十年（一七二五）十月までの間に計二百五名の紀州藩士を幕臣に加えたことは注目される（大石学『改訂新版　吉宗と享保の改革』東京堂出版）。

なかでも、隠然たる政治力を誇る御側御用取次《おそばごようとりつぎ》などの御側衆、将軍の警護にあたる小姓衆、将軍の身のまわりの世話をする小納戸《こなんど》衆といった側近団については、紀州藩主時代から気心の知れた者で固めた。そして、意行もその一人に選ばれる。旗本として召し出され、将軍の小姓として抜擢されたのだ。奥小姓を長らく勤めることで吉宗の信任を得ていたことが、この人事からはわかる。

将軍側近の代表格といえば、五代将軍綱吉の時に新設されたポストである側用人《そばようにん》だろう。綱吉は館林《たてばやし》徳川家という分家から将軍の座に就いたため、館林藩主時代からの側近だった牧野成貞《なりさだ》と柳沢吉保《よしやす》を側用人に起用することで自分の楯とし、将軍たる自己の立場を強化しようと目論む。

本来、側用人の職務は将軍の命令を幕政のトップたる老中に伝える一方で、老中からの上申を将軍に取り次ぐことにあった。将軍と老中たち幕閣との伝達役に過ぎなかった。ところが、側用人をして将軍権力の強化を図りたい綱吉の意向もあり、老中さえその威を恐れるような存在となる。

将軍の権威を後ろ盾に、政治力を発揮させたのだ。ここに側用人政治がはじまる。老中からの上申を受けて、将軍は決裁を下さなければならない。側用人はその相談役を務めることで、幕政に影響力を行使できた。

次の六代将軍家宣・七代将軍家継の時は、家宣の寵臣間部《まなべ》詮房《あきふさ》が側用人として権力をふるった。だが、幕府内では側用人政治への反発が強かった。

よって、吉宗は側用人を廃止して、代わりに御側御用取次のポストを新設する。紀州藩主時代からの側近である有馬氏倫《うじのり》や加納久通《ひさみち》を同職に任命したが、有馬たちは吉宗の信任を背景に絶大な政治力を発揮する。要するに、看板を掛け替えただけだった。

御側御用取次（定員三名）の職務としては、小姓衆や小納戸衆の監督、将軍の前で目安箱への投書を読み上げること、将軍直属の御庭番《おにわばん》の管理などが挙げられる。なかでも老中からの上申を将軍に取り次ぐ際、可否に関する自分の意見を直接申し述べていたことは注目される。事実上の補佐役であったからだ。この件は上申できないと取り次ぎを拒絶する場合もあり、その実態は側用人と変わりはなかった（深井雅海『徳川将軍政治権力の研究』吉川弘文館）。

後に大名役の側用人のポストは復活するも、常置ではなくなる。一方、旗本役の御側御用取次は常置の役職であった。

享保十九年（一七三四）八月、意行は小納戸頭取《とうどり》に昇進する。小姓のほうが小納戸よりも格式は高かったが、その威を揮ったのはむしろ小納戸のほうだった。

身辺警護役の小姓に対して、小納戸は理髪や膳方など衣食住を世話する役である。将軍からすると小納戸のほうが身近な存在であり、いきおい将軍の威を揮った。小納戸の頭取職ともなると将軍の御手許金《おてもときん》を管理し、将軍が鷹狩りなどで城外に出る時は現場責任者を務めた。そんな小納戸頭取職への抜擢とは、吉宗からの厚い信任に他ならなかった。

世子家重の小姓に取り立てられる

吉宗の側近として台頭した意行だが、小納戸頭取に昇進する前年には、禄高も三百石から六百石に倍増となる。既に享保九年（一七二四）には従《じゅ》五位下の主殿頭《とのものかみ》に叙任され、位階だけでみれば数万石クラスの小大名と同等だった。

浪人の身分から小大名クラスの官位を持つ旗本に立身を遂げた意行にとり、その身代を子孫に受け継がせることは何よりの願いだったに違いない。世襲というわけだが、それには跡継ぎたる意次の出仕が不可欠である。家督を継いでいない部屋住みの立場ではあったものの、吉宗は意行の願いに応える人事を行う。

享保十九年三月十三日、意次は次期将軍（世子《せいし》）家重の小姓に取り立てられた。吉宗は本丸御殿、家重は西丸御殿に住んでおり、西丸小姓ということになる。意次十六歳の時であった。

幕臣は将軍への御目見得《おめみえ》の資格を持つ旗本と、その資格を持たない御家人に大別される。旗本にせよ御家人にせよ、就けるポストは限られた。慶応四年（一八六八）の数字によれば、旗本の数は約六千人、御家人の数は約二万六千人だが、旗本のポストは三千ほどで、御家人にしても一万ほどに過ぎない。天下の御直参《ごじきさん》といっても、その過半は無職だった。

役職に就かずとも、家禄という形で所領や定額の俸禄米は保障された。だが、役職に就けばその手当のほか、功績次第で家禄が加増されたため、旗本や御家人の就職運動、つまり就活は熾烈を極める（安藤優一郎『お殿様の人事異動』日経プレミアシリーズ）。

そうした実情を念頭に置けば、家督相続前の部屋住みの立場にもかかわらず、将軍の側近く仕える小姓に抜擢された意次は非常に恵まれていた。それも元服前の十六歳だ。意行に対する吉宗の厚い信任の賜物であり、意次のスタートはまさに順風満帆だった。

しかし、それから一年も経たない同じ年の十二月十八日に、意行は四十七歳で死去する。田沼家の菩提寺となる駒込の勝林寺に葬られた。

父意行の死去を受け、翌二十年（一七三五）三月四日に意次は田沼家の家督を相続する。そして、翌五日にようやく元服した。家禄は父の時と同じく六百石であった。

八歳年上にあたる家重の側近く仕えた意次は小姓を十年余勤め、父と同じく主君から厚い信任を獲得することになる。

小姓就任から三年ほど経った元文二年（一七三七）十二月には、従五位下主殿頭に叙任された。弱冠十九歳で、父と同じ官位にのぼった意次はエリート街道を驀進《ばくしん》していた。

2　九代将軍家重に重用される

吉宗の隠居と家重の将軍襲職

ちょうど在職三十年目にあたる延享二年（一七四五）九月、六十二歳になっていた吉宗は世子家重に将軍の座を譲った。代替りである。これに伴い、吉宗は本丸御殿から西丸御殿に、家重は西丸御殿から本丸御殿に移った。家重三十五歳の時だった。

これは単なる隠退ではない。前将軍つまり大御所として、吉宗が新将軍家重を後見するための代替りだった。初代将軍家康が二代将軍秀忠を、秀忠が三代将軍家光を大御所として後見した政治手法が参考にされたことを意味していた。朝廷からの将軍宣下を受けて、家重が九代将軍の座に就いたのは同年十一月のことである。

家重が本丸御殿に移ったことで、意次も本丸勤めの小姓となった。父と同じく、将軍の小姓としての日々がはじまる。

表向き、将軍の代替りは粛々と進められたが、その裏ではある噂が渦巻いていた。家重の弟宗武《むねたけ》の擁立説である。

家重については、病弱であるうえに言語が不明瞭なため、家臣たちはその言葉を理解できなかったと伝えられる。酒食や遊芸に耽ったともいわれ、将軍としての資質がかねてより疑問視されていた。

かたや、すぐ下の弟で田安徳川家の祖となった宗武は文武に優れた人物だった。そのため、家重に代わって宗武を次期将軍に擁立する動きが幕府内にみられたという。真相はわからない。

幕府には、家康が定めた長子相続の原則があった。家督相続争いはその家が滅びるもとと考えた家康は、家督相続にあたっては資質よりも年長であることを優先するルールを定める。

このルールに従えば、家重が自動的に将軍となるはずだった。それにもかかわらず、宗武擁立説が取り沙汰されたのは、幕府内には家重の資質を不安視する意見が根強かったことを何よりも示している。

政情不安定のなか、大御所吉宗の後見による家重の治世がはじまった。意次は翌三年（一七四六）七月に小姓頭取に昇進する。家重の有力側近としての地位を固めたが、意次以上に家重が頼りにし、権力をふるった人物がいた。その名を大岡忠光《ただみつ》という。

家重を支えた側用人大岡忠光

忠光は吉宗を支えた江戸町奉行大岡忠相《ただすけ》と同族であった。三河譜代の家柄を誇った大岡家に生まれた忠光は意次よりも十歳年上で、享保九年（一七二四）に家重の小姓に取り立てられる。当初、禄高は三百石であった。その後加増が繰り返され、ついには二万石の大名となる。

家重の忠光に対する信任はたいへん厚かった。将軍の座に就くと御側御用取次（見習）に抜擢し、家重の側近ナンバーワンとなる。

忠光は言語不明瞭とされた家重の言葉を唯一理解できたという。小姓として長きにわたって家重の側近く仕えることで、それが可能になったのだろう。

そんな忠光は家重にとって欠かせない存在であり、老中とのパイプ役を勤める御側御用取次はまさに適任であった。後には、復活させた側用人の職に充てており、その信頼の厚さが確認できる。

忠光が御側御用取次として幕政に影響力を及ぼすようになったことに連動して意次も立身を遂げる。前述のとおり延享三年七月に小姓頭取に昇格すると、四年（一七四七）九月には小姓組番頭格の御側御用取次見習に抜擢された。御側御用取次の忠光とともに、家重を補佐する体制が出来上がる。

そして、吉宗が創設した足高《たしだか》の制に基づき、在職中は二千石が与えられることになった。

この時代、幕臣にせよ藩士にせよ、百石とか百俵といった家禄が幕府や藩から保障されており、任命された役職をこなすための出費は家禄で賄うのが原則だった。だが、それでは家禄が少ない者は能力があっても、それだけ出費が大きい重職を担うことはできなかった。

享保八年（一七二三）に吉宗は、人材登用の一環として足高の制を採用する。役職別に役高を定めたうえで、家禄が役高を下回る場合、在職期間中は不足分を支給した。家禄が少ない者でも重職に抜擢しやすくしたのである。

御側御用取次の役高は二千石だったようで、意次は家禄六百石に千四百石がプラス（足高）された。しかし、寛延元年（一七四八）閏《うるう》十月に御側御用取次見習のまま小姓組番頭に昇格したのを機に、改めて千四百石が加増され、家禄は二千石に達した。

見習ではあったものの、将軍側近の筆頭格たる御側御用取次に任命されたことで、意次は幕政に影響力を行使しはじめる。家重の信任の厚さに加え、忠光の引き立ても人事の背景にあったのだろう。

宝暦十年（一七六〇）に忠光が十歳年下の意次（当時四十二歳）について、「発明」ではあるが「年若」であると評したエピソードが残されている（『武州岩槻藩大岡家史料』）。忠光の眼には、発明つまり頭の良さは認めるが、若いので未熟なところがあると映っていたようだ。才知に長けた切れ者ではあるものの、この段階では人間的にまだ成熟していない意次の姿が透けてくる。

御側御用取次に抜擢される意次

大御所として家重を後見していた吉宗も、寄る年波には勝てなかった。やがて身体が不自由になり、体調を崩していく。寛延四年（一七五一）五月末には重篤の状態に陥り、六月二十日に六十八歳の生涯を終えた。

吉宗の死により、家重は名実ともに将軍となる。側近たる忠光と意次の役割はますます大きくなるが、吉宗の死から約一カ月後の七月二十八日に、意次は見習が取れて御側御用取次に昇格した。忠光とともに将軍側近の筆頭格となったのであり、意次への期待の大きさが示された人事だった。幕政への影響力も増す。

寛延四年改め宝暦元年十二月十二日、忠光は一万石に加増され、大名に取り立てられた。上総《かずさ》勝浦藩主となる。御側御用取次は旗本役だが、これは大名役である側用人

田沼家初代意次から8代意尊まで

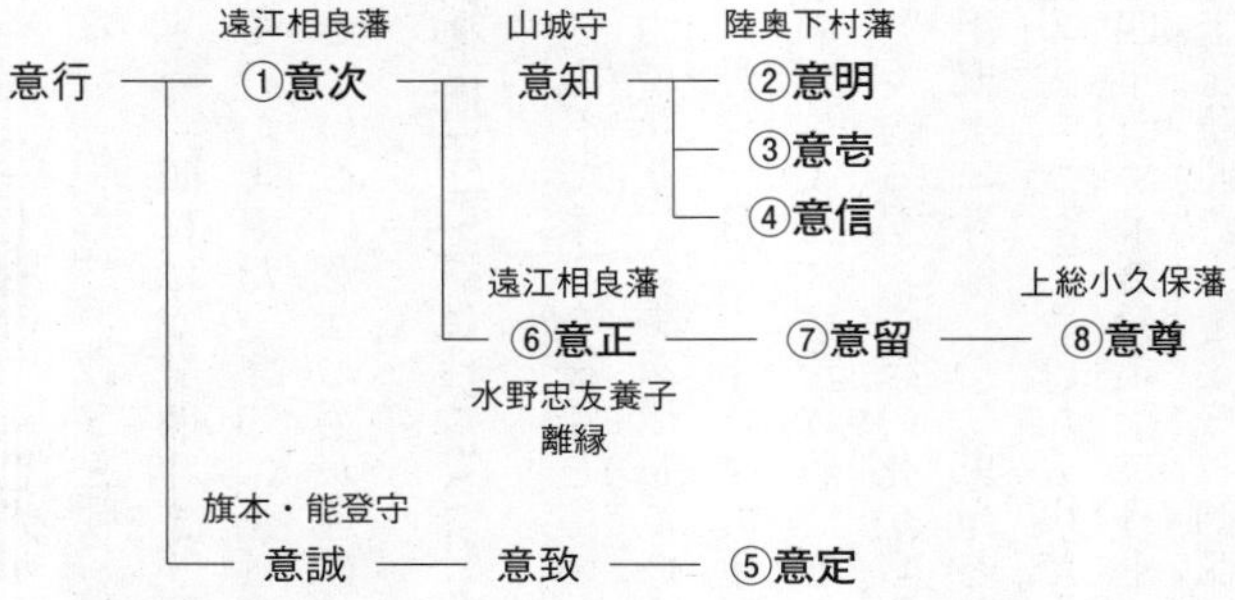

注：意次を初代とする

就任への布石でもあった。

同四年（一七五四）三月、忠光は五千石を加増されて、御側御用取次から若年寄に抜擢される。若年寄は老中とともに幕閣を構成する政治職で、老中次席ともいえるポジションだった。通常、一万石から三万石未満の譜代大名が起用され、定員は老中と同じく四〜五名である。

ここで注目すべきは、忠光が奥勤めを兼ねたまま若年寄に抜擢されたことであった。奥勤めとは将軍が生活する中奥に出入りすることであり、御側御用取次を事実上兼任したまま、幕閣入りしたことをこれは意味していた。将軍の権威をバックとする忠光は、老中ではなかったものの、若年寄に起用されることで権勢をふるう拠り所を得る。

それまで、側用人にせよ、御側御用取次にせよ、将軍の権威をバックに政治力を発揮したものの、政治職ではない限界があった。綱吉は側用人柳沢吉保に大老格、家宣は側用人間部詮房に老中格を与えることで政治力の裏付けとしたが、大老や老中に任命したわけではない。

しかし、家重は側近ナンバーワンの忠光を若年寄に起用することで政治上の権限を持たせたのであり、幕政上、画期的な人事と評価できる。後述するように、これが先例となって、意次は側用人を事実上兼任したまま老中に起用されることになる。

同六年（一七五六）五月、忠光は五千石を加増されて武州岩槻二万石の身上となり、側用人に転じた。この人事の理由は定かではない。将軍側近としての職務に専念させたい家重の意向があったのだろう。

かたや、御側御用取次の意次は前年の五年（一七五五）九月、三千石が加増されて五千石の大身《たいしん》旗本となっていた。三年後の八年（一七五八）九月にはさらに五千石が加増され、一万石の身上となる。意次は四十歳にして大名に取り立てられるが、幕閣を巻き込む大疑獄事件が背景にあった。

3 美濃郡上一揆を裁く

幕府重鎮が関与した郡上藩金森家の苛政

忠光が若年寄に抜擢された宝暦四年（一七五四）八月、美濃郡上《ぐじょう》藩金森家（三万八千石余）で郡上一揆と称された百姓一揆が勃発する。この一揆は藩内で収まらず、幕府が介入する事態へと発展していくが、もともとは同藩の財政難がきっかけだった。

郡上藩主金森頼錦《よりかね》は外様大名ながら、延享四年（一七四七）に奏者番に任命された。奏者番は大名や旗本が将軍に拝謁する際の取次役、及び進物の披露役を勤めることが主な職務で、譜代大名のうち若手の優秀な者が選任された（定員は二十〜三十名）。

そもそも、幕府の役職に就けるのは原則として譜代大名に限定されていた。外様大名が就任するのは異例である。奏者番を振り出しに、譜代大名は最終目標である老中を目指すのが習いだった。

しかし、幕府の役職を勤めるとなると何かと物入りで、財政難となることは避けられなかった。郡上藩は年貢増徴による歳入の増加を目論む。

具体的には、年貢の徴収方法を定免法《じょうめん》から検見取法《けみどり》に変更しようと図る。

定免法とは過去数年のデータをもとに定額の年貢量を決めるもので、一定期間豊凶にかかわらず、定額量を徴収した。領主側には毎年の年貢米収入が安定するメリットがあり、農民側からすると、豊作の年に収穫米が手元に多く残るのは魅力的だった。そうした農民側の事情を見透かしたうえで、年貢率の引き上げ、つまりは年貢量の増加を条件に定免法の継続を認めることが定番になっていた。

一方、検見取法とは、代官や手代が収穫前に作柄を実地調査したうえで、その年の年貢率を決めるものである。毎年の収穫状況に即した合理的な徴税法だが、定免制と比較すると、豊作の年に農民の手元に残る分は少なかった。

勃発した百姓一揆

郡上藩が検見取法への変更を企てたのは、定免法のままでは農民の手元に残ってしまう収穫米を取り上げたかったからである。当然ながら、領民は反発した。

宝暦四年七月、郡上藩は村の庄屋たちを集め、代官を通じて検見取法への変更を申し渡した。だが、村を預かる庄屋たちは拒否し、領民たちは大挙城下へ押し出す。百姓一揆の勃発だ。

藩当局はこれを受け、検見取法に反対という領民たちの願いを聞き届けた。江戸にいる藩主に伝えると約束し、事態を鎮静化させる。

だが、何としても検見取法への変更を認めさせたい郡上藩は巻き返しに出る。

翌五年（一七五五）七月、郡上藩は領民たちに対して、美濃笠松陣屋の幕府代官青木安清《やすきよ》のもとに出向くよう命じた。よって、青木のもとに出頭したところ、検見取法への変更を受け入れるよう申し渡される。幕府代官による越権行為に他ならないが、郡上藩と裏でつながっていた勘定奉行大橋親義《ちかよし》が部下の代官青木にそう命じたのである。

郡上藩が幕府の威光を後ろ盾に検見取を認めさせようとしたのを受け、領民たちは江戸に出向くことを決める。九月、郡上藩邸に訴え出たのに続いて、十一月には老中酒井忠寄《ただより》の行列に駕籠訴《かごそ》を敢行した。幕府に訴え出ることで郡上藩にプレッシャーをかけ、年貢増徴の方針を撤回させようという高等戦術だった。

この一件は、幕府評定所の吟味にかけられる運びとなる。評定所とは、老中の命を受けた三奉行（寺社奉行・町奉行・公事方《くじかた》勘定奉行）などが評定所一座として裁判や評議を行う機関だが、なぜか郡上一揆に関する吟味は停滞する。

結局のところ、出訴した領民たちは帰国を余儀なくされる。郡上藩はこれ幸いと、一揆を弾圧した。領民たちに検見取法への変更を認めさせたい目論見が秘められていたのはいうまでもない。

目安箱――将軍への直訴に出る

ここに至り、領民たちは再度江戸に向かうことを決める。将軍家重に直接訴え出ようとした。目安箱に訴状を提出したのは宝暦八年（一七五八）四月のことである。

目安箱とは、享保六年（一七二一）八月に吉宗が創設した、将軍への上書制度であった。これにより、一般庶民でも将軍に直接訴え出ることが可能となる。毎月二日、十一日、二十一日の月三回、江戸城大手門近くにあった辰《たつ》の口の評定所前に目安箱が置かれ、庶民からの投書を受け付けた。

投書の内容は政治に有益なこと、役人の不正に関することなどに限定され、無記名の訴状は提出を禁じられた。何でも訴え出て宜しいということではなく、天下・国家のためになる意見が提出されることを幕府は期待した。投書された内容が政策化されたものとしては、幕府の施療機関として知られる小石川養生所の設立が挙げられる。

窮地に追い込まれた郡上藩の領民としては、目安箱への投書しか残された手段はなかった。老中に駕籠訴することで評定所での吟味に持ち込んだにもかかわらず、棚晒しの状態に置かれたからである。

老中が頼みにならないとなれば、あとは将軍しかいなかった。領民たちは家重の英断に期待し、代表者が目安箱に訴状を提出したところ事態が動く。

家重の特命で評定所に出座した意次

訴状を読んだ家重は、幕府の要職者がこの一件に絡んでいるのではと疑う。幕府の威光を後ろ盾に、郡上藩が検見取を領民に認めさせようとしたことに疑念を抱いたのだろう。郡上一揆に関する吟味が停滞していたことへの不信感もあったはずだ。

こうして、七月より郡上一揆の吟味が再開される。今回の評定所での吟味は三奉行のほか、大目付と目付も加わる「五手掛《ごてがかり》」と呼ばれる大がかりな体制がとられた。いかに家重が重大視した事案であったかがわかる。

九月三日には、評定所に出座するよう意次に命じる。意次に吟味を監視させたい家重の狙いがあった。実際は監視にとどまらず、吟味にも関与させた。

将軍側近の御側御用取次とはいえ、評定所への出座は前例がなかった。それもオブザーバーとしての参加ではなく、評定所一座のメンバーとして吟味に加わったことも前代未聞だった。

それだけ家重は事態を深刻に捉えていた。意次への信任の厚さもうかがえる。

家重は意次に評定所への出座を命じた際、五千石を加増して一万石の身上としている。大名役の寺社奉行も評定所一座に名を連ねていたためか、意次を大名に取り立てることで存分に手腕を発揮させたい狙いが読み取れる。

一連の処置には、側用人の大岡忠光が関与していたことは想像に難くない。家重は忠光からの意見を容れ、意次を評定所に出座させたのだろう。

発揮される意次の手腕

家重の特命により評定所の吟味に加わった意次は、その期待に十分に応える。幕末に勘定奉行などを歴任した能吏として知られる旗本の川路聖謨《としあきら》はこの時の吟味書類を読み、意次の手腕に舌を巻く。事務処理の能力、物事を的確に判断する力、人を巧みに使う力量という点で、意次は並はずれた才能を持つ豪傑だったと評した（藤田覚『田沼意次』ミネルヴァ書房）。

家重が見立てたとおり、郡上一揆の裏には老中や若年寄が絡んでいたことが判明する。勘定奉行の大橋が代官の青木を使って郡上藩の領民に検見取を認めさせようとしたのは、同藩から依頼されたからだが、大橋を動かした人物がいた。当時は寺社奉行だった西丸若年寄の遠江相良《えんしゅうさがら》藩主本多忠央《ただなか》である。西丸には次期将軍の家治がおり、忠央は家治付の若年寄を勤めていた。

寺社奉行は奏者番を兼任することになっており、その点で郡上藩主の金森頼錦は忠央と同役だった。そんな関係を通じて頼錦から請託を受けた忠央が大橋に依頼したことで、下僚の代官青木が郡上藩の領民に検見取を認めさせようとした構図が白日のもとに晒される。

さらに、老中を勤める駿河《するが》田中藩主本多正珍《まさよし》も、妹の婚約者だった頼錦の依頼を受けて動いていたことが判明する。この事案を同僚の老中に相談していなかったことが問題視された。

時系列からすると、七月から再開された評定所の吟味を通じて幕閣を巻き込む事件であったことが明らかになったため、事の重大性を認識した家重が、九月に至り意次を吟味に参加させたとみるのが自然だ。老中や若年寄などの幕閣が絡んでいたことで、評定所での吟味も停滞していたのだろう。

断行された幕閣の粛清

郡上一揆に関する吟味が幕閣を巻き込む事案となったことで、評定所は関係した幕府役人から裁決を下していく。十月二十八日のことである。

裁決が下る前に老中を罷免された本多正珍は逼塞《ひっそく》。同じく若年寄を罷免された本多忠央は改易、美作《みまさか》津山藩にお預け。勘定奉行大橋親義は改易、陸奥《むつ》相馬藩にお預け。代官青木安清は罷免となった。大目付曲淵英元《まがりぶちひでちか》も事情を知りながら申し立てなかった責任が問われ、罷免されている。忠央と大橋が改易、つまり御家断絶の厳罰に処されたのは、郡上藩の領民に検見取を認めさせるために動いたからだった。その裏では金品が動いただろう。

忠央たちに依頼した側の郡上藩もただでは済まなかった。十二月、郡上藩は改易となり、藩主の頼錦は盛岡藩にお預けとなった。家老をはじめ、藩士も死罪や遠島となった。ただし大半はすでに牢死していた。一揆を起こした領民たちも、頭取たちは獄門や死罪に処された。

郡上一揆は郡上藩の改易にとどまらず、老中、若年寄、勘定奉行などを巻き込んだ疑獄事件に発展したことで幕府に大きな衝撃を与えたが、一件の処理でみせた手腕により一躍注目されたのが意次だった。大岡忠光が賢い（「発明」）と評した意次の面目躍如である。家重の期待にも応えた格好である。

その後も、意次は家重の命を受けて評定所の審理に加わっている。幕府の実力者としてさらに認められていく。

郡上一揆の吟味を通じて、意次は一万石の大名に取り立てられた。加増された五千石の所領は遠江国《とおとうみのくに》相良だった。相良藩田沼家の誕生だ。奇しくも意次が吟味に加わった郡上一揆で罪に問われ、改易となった本多忠央の旧領であった。

寛延二年（一七四九）、忠央は三河挙母《ころも》から相良に転封された。相良藩の石高は一万石であり、陣屋を置いて支配にあたった。一万石の小大名であったため、城持ちではなかったものの、その後立身した意次は相良城の築城を許されて城持《しろもち》大名となる。

忠央が次期将軍家治付の若年寄を勤めていたことから、家治の時代に入れば権勢をふるったかもしれない。だが、改易によりその道は断たれる。次章で述べるとおり、家治の時代に権勢をふるったのは、忠央に代わって相良藩主の座に就いた意次だったのである。

幕府の財政難克服のため、鉱山の開発・管理にも力を入れた（佐渡金山 相川金銀山の道遊の割戸 新潟県）
提供：アフロ

第2章

老中として幕政を担当する
——十代将軍家治の厚い信任

1 将軍家治の登場

家重隠居の背景

九代将軍徳川家重の特命を受けて郡上一揆の吟味に加わったことを契機に、御側御用取次の田沼意次は一万石の大名に取り立てられる。宝暦八年（一七五八）九月のことであった。

この吟味は幕府の重職者が絡む難しい事案だったが、問題となった老中や若年寄を改易や罷免に追い込んだことで、意次は一躍注目される。陰の実力者として認知され、幕府内での影響力を高めた。意次の背後に控える家重の権威を高めることにもなった。

ところが、同十年（一七六〇）五月、五十歳になっていた家重は病気のため将軍の座を嫡男家治に譲った。家治二十四歳の時である。

家重の在職期間は十五年に及んだが、かねて病弱であった。言語も不明瞭なため、将軍となる前から、その資質が疑問視されていたことは先に述べた。

前回の代替りでは、吉宗は大御所としてそんな家重を後見するも、今回の代替りの場合、それは望むべくもなかった。隠居した前将軍は西丸御殿に移り、引き続き幕府に影響力を及ぼすのが習いであった。しかし、家重は二の丸御殿に移り、療養に専念している。

家重としては、新将軍の家治を守《も》り立てるための手立てを講じたいところだった。そこで目を付けたのが意次なのである。

将軍が交代すると、その側近団は入れ替わるのが通例だ。綱吉の側用人として権勢をふるった柳沢吉保が、新将軍家宣の誕生を機に辞職したのは典型的な事例である。吉保の場合はそのまま隠居したが、大御所として西丸御殿に移った前将軍に付き従い、その側近を引き続き勤める事例もみられた。家重の場合でみると、側近たちは二の丸御殿に出仕している。

同じく、意次も家重のいる二の丸御殿に出仕するところだった。だが、新将軍家治の代に入っても本丸御殿に出仕し、十八歳年下にあたる将軍の御側御用取次を続ける。この異例人事の背景には、家重の指示があった。

将軍からの厚い信任——御側御用取次留任の理由

幕府の正史『徳川実紀』には、家重が家治に言い遺した意次に関する指示が収録されている。大病となった際に以下のように言ったとされ、いわば遺言のようなものだった。意次が家重の厚い信頼を得ていたことが確認できるエピソードである。

「意次は正直者で律儀者（「またうとのもの」）であるから、家治の時代になっても引き立てて召し使うように」

正直者でまた律儀者として、自分と同じく家治にも仕えるだろうという期待が込められた遺言であり、実直な人間としての意次の姿がみえてくる。主君としては、大いに信頼が置ける家臣だった。

家重には意次以上に頼りとした側用人の大岡忠光がいた。しかし、将軍の座を退く直前の四月に死去していた。忠光の死が家重に与えたダメージが大きかったことは間違いない。そのため、意次に期待するところが非常に大きかったことも、この遺言の背景にはあったのではないか。

親孝行な家治は家重の教えを守り、自分が将軍の座に就くと、意次を側近として重用した。そのまま御側御用取次を勤めさせただけでなく、これから述べるように老中にまで抜擢する。

世子として西丸御殿にいた時代からの側近のなかには、家治が将軍の座に就くと本丸御殿に出仕し、御側御用取次などの要職に抜擢される者もいた。西丸で御用取次を勤めていた松平康郷《やすさと》や水野忠友は、本丸つまり将軍の御用取次に転じている。しかし、家治の側近のなかで最も権勢をふるったのは、家重の側近でもあった意次なのである。

意次の重用には家重の遺言もあったとはいえ、それだけ家治も意次を高く評価していたことがうかがえる。意次に対する高い評価は、家重にまさるとも劣らずであった。家重と同じく、その眼には正直者で律儀者と映ったのだろう。忠光が「発明」と評したような頭の良さも評価していたに違いない。

意次の先輩格にあたる忠光については、『徳川実紀』に次のような評価が収録されている。

「幕府の重職だったが、性格は温厚で、権勢を誇ることはなかった。人にはへ

りくだった態度で接したため、人に憎まれることも恨まれることもなかった」

忠光は大名の家に生まれたのではない。旗本から大名に取り立てられるという当時としては破格の処遇を受けた人物であり、周囲からは成り上がり者とみられたはずだ。忠光もそんな視線は十分にわかっており、下手《したて》に出ることで無用の反感を防ぎたい深謀遠慮が読み取れる。

忠光と同じ道を歩んでいた意次にも同様の評価がみられる。忠光を模範とすることで、成り上がり者として反感を買わないよう努めたのである。

さらには、家来の下々にまで目を配るなど、気持ちよく働けるための配慮や心遣いができる人物でもあった(藤田覚『田沼意次』)。目上のみならず、目下への気配りや気遣いも行き届いており、そうした点も家治から評価されたのだろう。

こうして、家治の厚い信任を得た意次は家重の時代以上に権勢をふるうことになる。

なお、二の丸御殿に移った家重だが、大御所としての時代は一年余に過ぎなかった。宝暦十一年(一七六一)六月に死去している。

徳川御三卿の誕生

家重、家治と二つの代替りを通じて、吉宗の子孫で将軍職が継承される流れができつつあった。そして、吉宗はその流れを確実なものにするための手を既に打っていた。いわゆる徳川御三卿の創設である。

吉宗は御三家の一つ紀州家から宗家を継いで将軍の座に就いたが、同じ御三家の尾張家と水戸家に対抗する格好で、新たな分家を創設する。延享二年（一七四五）に嫡男の家重が九代将軍となると、翌三年、その弟宗武と宗尹《むねただ》を十万石の大名に取り立てる。田安徳川家と一橋徳川家の誕生だ。宗武に江戸城田安門内で、宗尹には一橋門内で屋敷を与えたことが家名の由来だった。

家重が将軍となった時、跡継ぎとなる長男家治は既に生まれていた。だが、その血筋が絶えた時は田安家あるいは一橋家から将軍職を継がせようと目論んだのである。両家創設の裏には、自分の子孫に将軍職を継承させたい吉宗の意図が秘められていた。

将軍となった家重も、その年に生まれた次男重好を後に分家させ、江戸城清水門内に屋敷を与えて清水徳川家を創設する。家重死後の宝暦十二年（一七六二）に、清水家にも田安・一橋家と同じく十万石が与えられた。

ここに、将軍の血筋が絶えた時は田安家、一橋家、清水家の三家から将軍継嗣を迎える新たなルールが生まれる。御三家に対して、吉宗の血筋から生まれた三家は御三卿と称された。

同じ徳川一門の御三家が城持ちの独立した大名だったのに対し、御三卿は将軍の家族のような位置付けであり、江戸城の城門内に与えられた屋敷で生活した。つまり、城持ちの大名ではなかった。家臣についても幕府から出向してくる幕臣が家老をはじめとする上級役職を占め、独自に採用した家臣は下級役職にとどまる。御三卿は御三家とは違って、幕府の影響力が強い徳川一門の大名であった。

意次の弟意誠《おきのぶ》は将軍継嗣の資格を持つことになった御三卿の一つ一橋家に長く仕え、宝暦九年（一七五九）には家老にのぼる。意次が弟を通じて一橋家との関係が深かったことは、後に大きな意味を持つ。

２　幕府のトップに立つ

側用人に昇格する

家重の遺命を遵守した家治は、将軍の代替りにもかかわらず、意次を御側御用取次に留任させたが、大岡忠光が死去したため空席となった側用人には、若年寄の板倉勝《かつ》清《きよ》を起用している。

勝清は忠光や意次とは違って生まれながらの大名で、もともとは陸奥泉藩主であった。享保二十年（一七三五）、若年寄に起用されたが、延享三年（一七四六）に意次が藩主となる相良に、次いで寛延二年（一七四九）には安中《あんなか》に転封となる。そして、宝暦十年（一七六〇）四月、忠光の死去を受けて後任の側用人に起用された。

御側御用取次、側用人と将軍側近の要職が長かった忠光とは違い、勝清は若年寄として幕閣の一角を長く占めた人物である。忠光が若年寄から側用人に転じたように、勝清の側用人起用は栄典だった。

明和四年（一七六七）七月、勝清は西丸老中に起用される。その折、一万石が加増された三万石の身上となった。若年寄が一万石から三万石未満の譜代大名から起用されたのに対し、老中は三万石以上の譜代大名から起用されるのが慣例で、勝清を老中とするには三万石とする必要があったのだ。即本丸老中ではなかったが、同六年（一七六九）に本丸老中に転じ、安永九年（一七八〇）に死去するまで老中職を勤めた。

そして、勝清の後任として側用人に起用されたのが意次である。宝暦十二年（一七六二）に五千石を加増されていたが、側用人に起用された際、さらに五千石を加増されて計二万石となる。

前任者の勝清は二万石の身上だった。忠光にしても若年寄から側用人に転じた際、五千石を加増されて二万石の身上となっていることから、側用人に起用されると二万石となる内規があったことがわかる。位階も従五位下から従四位下に上昇し、位階だけでみれば老中クラスだった。

忠光や勝清の場合、若年寄を経たうえで将軍側近の筆頭たる側用人に起用されたが、意次は御側御用取次からそのまま側用人となっており、その出世のスピードは前任者と比べても速かった。

相良への築城を許される

意次は側用人に起用されて二万石に加増されると、陣屋を置いていた相良に築城することが許可され、城持大名となる。側用人に起用されると、二万石、従四位下の位階、そして城主という内規があったからだ。

一国一城の主という言葉がある。他から干渉を受けず独立している立場を示す言葉として今も使われ、大名の代名詞のような言葉だが、大名だからといって城を持っているとは限らない。というよりも、大名の半分近くは城主ではなかった。

幕府が発した武家諸法度では、大名について「国主、城主、一万石以上」と表記されるのが通例である。国主とは国持《くにもち》大名のことで、名称のとおり一カ国以上を所領とする大名。城主は城持大名。一万石以上は城を持たない大名を指す。国持大名が城を持っているのはいうまでもない。

言い換えると、大名は城を持っているか否かで大別された。城主か否かで格付けされていた。

国持大名は二十家（国持格を含む）、城持大名は百二十八家、城持大名格の大名は十六家、城を持たない大名は百十一家という幕末期の数字が残されている（『江戸博覧強記』小学館)。国持格は国持大名に準じると格付けされた大名。城持大名格は城主格とも呼ばれ、城持大名に準じると格付けされた大名である。

城主格の十六家も、城を持たない百十一家も、城を持っていなかった点では同じだが、城主格に格上げされると、江戸城などでの席次や待遇が城持大名と同様になる。そのため、城主格を望む大名は多かった。

城を持たない大名は代わりに陣屋を設けたため、陣屋大名とも呼ばれた。陣屋には城にみられるような櫓《やぐら》などはなかったが、広大な屋敷の周りが石垣や塀、堀で囲まれるのが定番で、城郭と称しても何ら不思議ではない。城主格に格上げされた大名もこうした陣屋を構えており、陣屋大名も城主格の大名も、その実態は同じだった。

忠光の場合は、側用人に起用されると上総勝浦から武州岩槻に転封された。つまり岩槻城を与えられたため、そのまま城主になれた。勝清も側用人就任時には安中城主となっていた。ところが、意次が藩主を勤める相良には城がなく、陣屋が置かれたのみであった。そこで、家治は意次を側用人に起用して城持大名としたことを契機に、築城を許可したのである。

翌明和五年(一七六八)、意次の用人井上寛司たちが相良に向かい、築城と城下町の整備が開始される。工事は十年以上にも及び、安永八年(一七七九)に本丸の二重櫓も完成した。翌九年四月十三日、既に老中となっていた意次は相良城への入城を果たす。

譜代大名が幕府の役職に就くと、自動的に参勤交代の対象外となり、帰国できなくなる。そのため、意次は所領があった相良に赴くことができないままだったが、相良城が完成した折には家治から特別に帰国が許され、城主として入城できたのである。

しかし、幕府のトップである以上、江戸を長く留守にするわけにはいかなかった。江戸を出立したのが四月六日、戻って来たのは同二十八日という慌ただしさで、江戸を留守にしたのは二十日ほどに過ぎなかった。

老中格に抜擢される

明和四年七月に側用人となった意次は、二年後の六年（一七六九）八月、老中格に抜擢される。老中格とは幕政を取り仕切る老中並みの権限が与えられることであり、ここに幕府のトップの一人として名を連ねた。意次五十一歳の時である。

それに伴い五千石が加増された。さらに老中の格式を示す侍従にも任命された。老中も従四位下だが、侍従に任命されることで従四位下の他の大名と格差がつけられた。

老中ではなく老中格にとどまった理由としては、人事上の内規が挙げられる。老中は三万石以上の譜代大名が起用されるのが慣例であり、意次も五千石ではなく一万石加増されれば三万石となり、名実ともに老中の座に就けた。言い換えると、五千石加増では老中格にとどまらざるを得ない。

その背景としては、加増の頻度が多かったことが挙げられる。宝暦五年に三千石、同八年に五千石、十二年に五千石、明和四年に五千石と、三〜五年間隔で加増が繰り返されており、これは極めて異例だった。いかに意次に対する将軍の信任が厚かったかは加増の頻度からもうかがえる。

明和六年に一万石を加増してしまえば、意次を老中の座に据えることができた。だが、加増の頻度の多さと異例のスピード出世への反発も考慮して、五千石加増の老中格抜擢にとどめたのだろう。

意次が老中格となった時、京都所司代の武蔵忍《おし》藩主阿部正充《まさちか》も老中に抜擢されている。忍藩は十万石であるから、三万石以上の譜代大名という規定はクリアしていた。

異例の奥勤め兼務

それまで、意次は小姓、小姓頭取、御側御用取次、側用人と将軍側近畑ばかり勤めていた。そして、今回老中格に転じたが、注目したいのは将軍側近としての立場を保ったことである。奥勤めを兼ねたまま、老中格に抜擢された。

これには、先例があった。第1章で述べたとおり、家重の時代にあたる宝暦四年に、御側御用取次だった大岡忠光は奥勤めを兼ねたまま若年寄に抜擢されている。奥勤めとは将軍が生活する中奥に出入りすることであり、この人事は御側御用取次を事実上兼任したまま幕閣入りしたことを意味した。

忠光は若年寄に起用されることで権勢をふるう拠り所を得た。意次はその前例にならう形で側用人を事実上兼任したまま、老中格として幕閣入りを果たしたのである。以下に述べるとおり、老中（格）と側用人を兼任したことこそが、この後意次が権勢をふるえた一番の理由となる。田沼時代が到来した背景でもあった。

幕政の主導権を握る

幕府の職制上、老中は将軍から幕政を委ねられていたのだが、その前に立ち塞がったのが将軍側近の側用人であり、御側御用取次だった。

老中が政務について将軍に上申する時は、自身が中奥にいる将軍の面前に向かうのではなく、中奥に出入りできる側用人たちをして案件を取り次がせた。将軍は中奥で説明を受けると何らかの指示を与えたが、老中に直接伝えたのではない。側用人たちを老中が詰める御用部屋に赴かせ、その意を伝言させた。老中は政治向きについての決裁を仰ぐ際、将軍には直接拝謁できないこととなっていた。

こうして、側用人が将軍の信任を後ろ盾に幕政の主導権を握る側用人政治が登場するも、職制上は政治職ではなかったため、官僚たちを指揮して政治を動かすことまではできなかった。

しかし、老中と側用人を同一人物が勤めれば、思いのままに政治を動かすことは可能だった。老中（格）に昇任した意次は側用人としての職務も家治から許されることで、幕政の主導権を握る。

明和九年（一七七二）一月には五千石を加増されて三万石となり、老中に昇格した。昇格後も奥勤めはそのままで、側用人兼任であることに変わりはなかった。家治の信任をバックに、ますます幕政を主導したのである。

3 田沼派の形成と幕府内に張り巡らされた人脈

成り上がりの新参者

六百石の旗本の家に生まれた意次が大名そして老中にまで成り上がれたのは、時の将軍家治から絶大な信任を得たからである。側用人を事実上兼任した特殊な立場により、他の老中たちを抑えて幕政を主導したが、権力基盤の強化という点では田沼派ともいうべき人脈を幕府内や大名・旗本との間に築いたことも見逃せない。

意次は小禄の旗本であっただけでなく、父意行は紀州藩士から幕臣に取り立てられた者であり、三河譜代に代表される古参の幕臣団からみれば、二代目の新参者に他ならなかった。それにもかかわらず、時の将軍の恩寵を受けて大名に取り立てられ、譜代大名垂涎《すいぜん》の的だった老中の座も得る。

戦国時代が終わったばかりの幕府草創期ならばいざしらず、当時は泰平の世を背景に序列も固定し、立身出世の道は狭まっていた。だが、将軍の信任の厚さを後ろ盾に幕府のトップへ成り上がったことで、幕臣社会からの嫉妬や反感は避けられなかった。ここまでのスピード出世の事例はほとんどなかったため、成り上がり者として白眼視されたことは想像に難くない。

姻戚関係による権力基盤の強化

当然ながら、意次もその点はよくわかっていた。よって、嫉妬や反感を和らげるための手を打っている。譜代大名などと姻戚関係を取り結んだのだ。併せて権力基盤の強化も狙った。

子供たちを通じて大名との間に構築した姻戚関係をみてみよう。

寛延二年（一七四九）生まれの嫡男（長男）意知《おきとも》の妻には、石見《いわみ》浜田藩主の老中松平康福《やすよし》の娘を迎えている。康福は意次よりも五年早く老中となった人物だ。ちなみに、意次が老中格となった時、老中首座は館林藩主松平武元《たけちか》で、高崎藩主松平輝高《てるたか》、松平康福、板倉勝清が先任の老中である。

四男意正《おきまさ》は沼津藩主で同じく老中となる水野忠友の養子、六男雄貞《かつさだ》は伊勢菰野《こもの》藩主土方雄年《かつなが》の養子、七男隆祺《たかよし》は丹波綾部藩主九鬼隆貞《たかさだ》の養子に送り込んでいる。特に注目されるのは意正を養子に迎えた忠友との関係だった。

三河譜代の家柄を誇る七千石の旗本の家に生まれた忠友は、意次と同じような道を歩む。家治の小姓からはじまり、小姓頭取、御側御用取次を歴任した後、意次が側用人に抜擢された翌年の明和五年（一七六八）、奥勤めを兼ねたまま若年寄に抜擢された。御側御用取次から奥勤め兼帯の若年寄という人事は大岡忠光と同じで、忠友は若年寄となったことで一万三千石の大名に取り立てられる。家治の信任の厚さが示された人事であった。

安永六年（一七七七）には側用人に転じて二万石に加増されたため、転封された沼津での築城が許された。その後、奥勤めを兼ねた老中格、そして老中に昇任しており、まさに意次と同じ道を辿る。

意次としては家治の信任の厚い忠友と姻戚関係を結び、同列の老中にまで引き上げることで権力基盤の強化が期待できた。意次の子を養子に迎えることで、忠友も老中にまで引き立てられた。意次、忠友双方にとりウィンウィンの縁組みだった。意次の後に老中に抜擢された関宿《せきやど》藩主久世広明《くぜひろあきら》や笠間藩主牧野貞長《さだなが》とも、意次は姻戚関係を結んでおり、幕閣を自派で牛耳った形となる。

一方、娘は大名家に嫁がせている。三女は遠江横須賀藩主西尾忠移《ただゆき》の妻に、四女は越後与板《よいた》藩主井伊直朗《なおあきら》の妻になった。いずれも幕府の役職に就ける譜代大名の家柄で、後に忠移は寺社奉行、直朗は若年寄に抜擢される。

弟意誠の孫娘は安房館山藩主稲葉正明《まさあき》の跡を継いだ正武《まさたけ》に嫁いだ。正明は家治の小姓、御側御用取次を勤め、旗本から大名に取り立てられた人物である。側用人の忠友のみならず御側御用取次の正明とも姻戚関係を結ぶことで、意次は家治の側近を自派で固める。

これらの人事は権力基盤強化を狙ったものだが、引き立てられた側からすると、意次との縁組みを通じて幕府の役職に就きたい願いが叶った形だった。

意次の立場からすると、一連の縁組みには、先に述べたとおり、もう一つの目的があった。由緒正しい譜代大名と姻戚関係を結ぶことで、成り上がり者と意次の異例の立身出世を妬む譜代大名や幕臣たちの反感を封じ込めようと狙ったのである。

隠然たる実力を誇った大奥と意次

意次は姻戚関係を結んだ諸大名を幕府の要職に引き上げることで権力基盤を強化した。その結果、役職を熱望する大名たちの間に意次と縁組みしようという風潮が生まれてくる。この風潮は旗本の間でもみられた。意次は大名であるため旗本が姻戚関係を結ぶとなると、その相手は意次の家臣となる。

意次が権勢をふるうと、おのずから家臣も権勢をふるい出すのは時間の問題だった。意次は家老や用人の娘たちが嫁いだ旗本を取り立てたため、意次の家臣との縁組みを望む者は多かった。

意次は縁組みを通じて大名や旗本を自派に取り込む一方、大奥との関係強化にも努めた。

江戸城の本丸御殿は「表」「中奥」「大奥」の三つの空間から構成された。表には、諸大名が将軍に拝謁する行事などが執行された部屋、閣僚である老中や若年寄が詰める御用部屋、幕府各役人の詰所などが置かれた。将軍が日常生活を送る中奥には、将軍の側近、小姓、小納戸、奥医師ぐらいしか入れず、老中でさえ将軍の許可なくして入ることはできなかった。そんな中奥を管轄したのが側用人であり、御側御用取次だった。

一方、大奥には、御台所、側室、将軍の子供たち、そして勤務する奥女中たちが生活していた。奥女中の数は時期により異なるが、多い時は千人近くにも達した。大奥の事務を執る御広敷役人《おひろしきやくにん》が詰める空間（「広敷向《むき》」）を除き、将軍以外の男性は原則として大奥には立ち入ることはできなかった。

表や中奥に出入りする将軍の家臣からみると、大奥とは将軍のプライベートな空間であった。よって、将軍の生活と一体化していた大奥には気を遣わざるを得ず、奥女中たちの機嫌を損じることをたいへん恐れた。

特に大奥を取り仕切る「御年寄」は、将軍の威光をバックに老中もその威を恐れる存在となっていた。将軍は大奥を代表する御年寄の意向に左右されがちであったため、御年寄に嫌われると将軍に告げ口されて、その地位を保つことは難しかったからだ。逆に御年寄が将軍に口添えすることで、老中をはじめとする幕府の役職を得ることは可能だった。その裏では莫大な金品が動いた。

こうして、御年寄を頂点とする大奥は隠然とした政治力を持つに至るが、側用人や御側御用取次としては、そんな御年寄と手を結べば鬼に金棒であった。幕閣への影響力をさらに強めることができた。御年寄にしても、側用人たちと手を結べば、前面に出ることなく政治や人事などに自分の意思を反映させることが可能だった。

大奥と将軍側近衆は互いに利用し合いながら、幕政への発言権を強めていく。意次の場合でみると御年寄の高岳《たかおか》と結ぶことで、大奥とはウィンウィンの関係となった。意次は御側御用取次時代から大奥での評判が良かったという。大奥を味方に付けていたことが将軍の心象をさらに良くし、異例のスピード出世にもつながったのである。

跡継ぎの家基を失った家治

家治には男女二人ずつ子供がいた。次男貞次郎《さだじろう》は夭折しており、宝暦十二年（一七六二）生まれの長男家基《いえもと》が跡継ぎだった。長女千代姫も夭折し、次女萬寿《ます》姫は尾張藩主徳川宗睦《むねちか》の世子治休《はるよし》に嫁いでいた。だが、安永二年（一七七三）に萬寿姫も死去した。

家基の生母である側室於知保《おちほ》の方は、旗本津田信成の娘である。於知保の方の弟津田信之は小姓組頭として家治の側近く仕えたが、その側室は奥医師千賀氏の娘だった。もともと町医者の千賀氏は、意次の推薦により将軍や大奥の女性たちを診察する奥医師に登用されたという。なお、「神田橋お部屋様」と呼ばれた意次の側室の仮親は千賀氏であった。

要するに、意次は奥医師の千賀氏を介し、於知保の方つまりは家基ともつながっていた。権力の維持には次期将軍の家基にも食い込んでおくことは不可欠であり、その人脈を既に摑んでいた。

ところが、安永八年（一七七九）二月、家治に大きな衝撃を与える事件が起きる。同月二十一日、鷹狩りのため城外に出た家基が、途中で俄《にわ》かに発病する。江戸城に戻って治療や祈禱《きとう》を受けたものの、二十四日に十八歳でこの世を去ってしまう。

跡継ぎの家基を失った家治は落胆するが、この時はまだ四十三歳であり、跡継ぎが生まれる可能性はあった。だが、家治は養子を迎えることを決める。自分に跡継ぎとなる男子が生まれた場合は、将軍職を継がせる養子の次に将軍の座に据えればよいと考えたのだろう。すなわち、中継ぎの将軍として養子を迎えることを決める。自分に万一のことがあった場合、将軍の座をめぐって争いが起きるのを懸念したのだ。

ただし、自分では決め切れなかったのか、ある人物を養子の選定にあたらせる。絶大な信任を寄せていた意次その人であった。

将軍継嗣は御三卿から

従来は現将軍に跡継ぎがいない場合、御三家から継嗣を迎えるのが幕府のルールだったが、当時は吉宗の子孫を家祖とする御三卿も創設されていた。よって、今回は田安家・一橋家・清水家から将軍継嗣として養子を迎えるルールが適用される。

田安家からみていこう。家基が死去した時、当主は不在であった。当主がいない大名家は改易となるはずだが、御三卿の場合は例外だった。田安家に限らず、当主不在(「明屋形《あきやかた》」)であることは珍しくなく、不在でも改易になることはなかった。

そもそも御三卿は将軍継嗣を出すのみならず、徳川一門の大名家などに養子を送り込むことが想定された家だった。当主も例外ではなく、田安家当主の斉荘《なりたか》が尾張家、清水家当主の斉順《なりゆき》が紀州家を相続した例がある。嫡男でも一橋家の重昌《しげまさ》や重富《しげとみ》が越前松平家を相続した例がみられる。

御三卿は当主が死去したり、他家の養子となったことで相続すべき男子がいなくなった場合は当主不在の状態とし、その後将軍に男子が誕生すると相続させることになっていたのである。

田安家は初代宗武の後、家治のいとこにあたる五男治察《はるあき》が跡を継いだ。だが、安永三年（一七七四）八月に跡継ぎがないまま死去したため、当主が不在となる。治察には二人の弟がいた。既に定国（宗武六男）は伊予松山藩主松平定静《さだきよ》の養子、定信（宗武七男）も白河藩主松平定邦の養子となっていた。意次に激しい憎悪を燃やすことになる松平定信だ。

田安家では治察の死去を受け、同年三月に白河藩へ養子に入ったばかりの定信を戻そうと図るも、願いは認められなかった。そのため、安永八年当時も当主不在の状態が続いていた。

次に一橋家だが、初代宗尹の後、同じく家治のいとこにあたる四男治済《はるさだ》が跡を継いでいた。当時、治済には豊千代、力之助などの男子がいた。清水家は家治の弟にあたる重好《しげよし》が当主である。本来ならば家治の跡を継ぐ最有力候補だったろう。

一橋家に白羽の矢を立てた意次

御三卿のなかで選定された将軍継嗣だが、一橋家に白羽の矢が立つ。天明元年（一七八一）閏五月二十七日、一橋治済の長男豊千代が継嗣と公表された。豊千代は江戸城西丸御殿に入り、十二月に家斉と名を改める。

御三卿のうち当主不在の田安家は対象外であるから、一橋家か清水家のどちらかとなる。選定にあたった意次との関係の深さが決め手となって、一橋家が選ばれたのではないか。家治も弟より、またいとこのほうがコントロールしやすいと考えたのかもしれない。

既に述べたとおり、意次の弟意誠は一橋家に長く仕え、家老まで勤めた。当時は子の意致《おきむね》が跡を継ぎ、家基死去の前年にあたる安永七年（一七七八）に、父と同じく一橋家の家老となっている。一橋家からすると、継嗣選定にあたる意次の弟や甥が家老を勤めていたことは大きかった。

意次にしても、自分の後押しでかねて関係の深かった一橋家から継嗣を迎えることになれば、将軍家斉の時代も引き続き権勢を握れるというヨミがあったに違いない。

家斉が将軍継嗣となると、意致はその御側御用取次見習に転じ、西丸御殿に出仕する。翌二年（一七八二）四月には見習が取れ、御側御用取次に昇格した。家斉が将軍の座に就いた暁には、意次のように側近の筆頭格となる地位が約束されたはずだった。

意次は安永六年（一七七七）に七千石が加増されていたが、継嗣選定の功により、天明元年七月に一万石がさらに加増され、計四万七千石となる。

家斉に白羽の矢が立ったことで一橋家は我が世の春となる。一方、田安家や清水家には不満が残った。当主不在なため対象外となった田安家は、定信を白河藩から戻したいという願いを幕府が聞き届けていれば、継嗣の有力候補になったとの思いがあったはずだ。当の定信も田安家に戻ることを望んでおり、無念の思いは消えなかっただろう。

その後、天明三年（一七八三）に定信は松平家の家督を継ぎ、白河藩主の座に就く。藩政で実績を上げることで意次が牛耳る幕政への参画をうかがうのである。

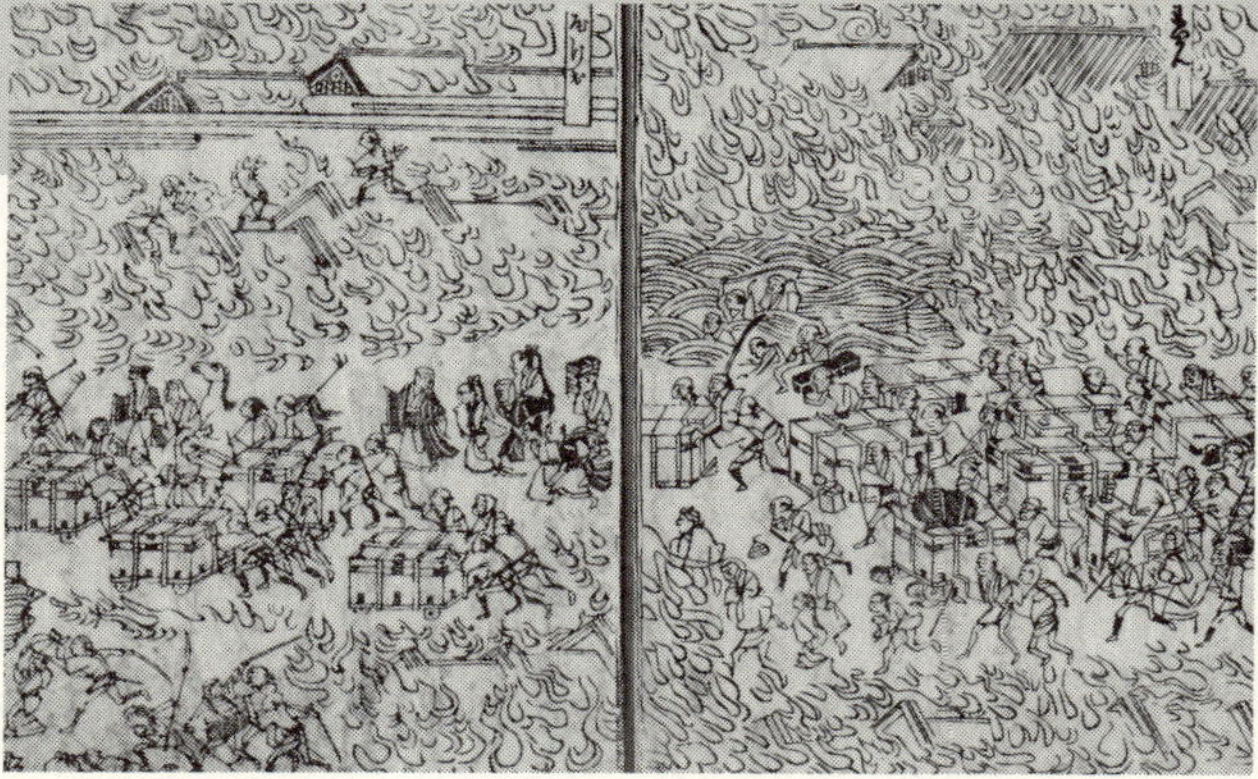

田沼意次の運命に大きな影響を与えた「明暦の大火」

P331E1 Great fire of Meireki, from Musashiabumi published in 1661. Artist Asai Ryoi, Private Collection.

提供：アフロ

第3章

田沼政権の経済・財政政策
——新規事業の時代

1 直面する幕府の財政難

直轄領と預地

老中として幕政のトップに立った意次にとり、直面する最大の課題はいかに幕府の財政難を克服するかであった。まずは、幕府の財政構造から確認しておこう。

幕府の二大財源は、直轄した土地と鉱山の二つである。「御料《ごりょう》」「御料所《しょ》」と呼ばれた幕府直轄領（以後、幕領と呼ぶ）は、元禄期（一六八八〜一七〇四）に約四百万石に達した。享保十五年（一七三〇）には約四百五十万石にまで増える。享保改革の一環として新田開発を積極的に展開した成果が反映された数字だった。この頃の日本の総石高は約三千万石であるから、幕領はその約一五％を占めた計算となる。

幕領は関東・東海・畿内筋で多かった。とりわけ将軍のお膝元たる関東筋では計百万石にも達し、その約四分の一が集中した。島国の佐渡国や隠岐国《おきのくに》などはまるまる幕領だった。対照的に幕領がまったくなかった国もある。薩摩・大隅国《おおすみのくに》がすべて島津家の所領なのはその一例だ。

幕領は勘定奉行配下の郡代や代官が支配にあたるのが原則である。おおよそ五万石単位で代官は任命された。管轄する幕領が十万石クラスの場合は郡代の名称で支配にあたった。幕府は代官あるいは郡代を現地に派遣することで幕領の八〇%以上を支配したものの、郡代は関東郡代、飛驒郡代、美濃郡代、西国郡代ぐらいしかおらず、大半は代官として管轄の幕領支配にあたった。

「預地《あずかりち》」という形がとられる場合もみられた。年貢徴収の事務を近隣の大名などに委託することであり、「預所《あずかりどころ》」とも呼ばれた。関東筋に預地はほとんどなく、江戸から遠く離れた畿内や中国・九州の幕領が預地となる事例が多かった。

幕府からすれば、遠隔地にわざわざ代官を派遣して直接支配するよりも経費がかからないメリットがあった。そのため、享保期（一七一六〜三六）には預地は約七十万石にも達し、幕領の約一五%を占めた。幕領の隠岐国などはまるごと松江藩松平家の預地となっていた。

重視された鉱山、貿易には消極的

次は鉱山である。幕府が直轄した鉱山としては伊豆の金山、佐渡の相川金銀山、駿河の安倍金山、但馬《たじま》の生野《いくの》銀山、石見《いわみ》の大森銀山、下野《しもつけ》の足尾銅山などが挙げられる。金山は主に東国、銀山は西国に展開したが、周辺地域も合わせて支配下に置くため、現地には奉行所や代官所が設置され、江戸から奉行や代官が派遣された。

佐渡の相川に置かれた佐渡奉行所は金銀山の管理にあたるとともに、一円幕領の佐渡を統治した。佐渡奉行は二人制がとられ、一人は現地勤め、もう一人は江戸詰めだった。幕府財政を掌《つかさど》る勘定奉行が兼任する場合もあり、それだけ、佐渡の相川金銀山は幕府から重視されていた。

実際に鉱山や周辺直轄地の支配にあたったのは、奉行所や代官所が現地で雇用した地役人《じやくにん》たちだ。奉行や代官は江戸から現地に派遣されたが、実務を担った地役人はその地に居住する役人で、いわば現地採用組だった。

幕府は鉱山で採掘した金・銀・銅を原料として金貨・銀貨・銭貨《せんか》を鋳造することで莫大な歳入を得る。幕府が通貨の鋳造権を独占することで、鋳造経費を差し引いた分の通貨をまるごと歳入に組み込めたのは大きかった。打ち出の小槌のように歳入を増やせたからである。

そのほか、外国貿易の独占により得た利益も歳入に組み込んだものの、幕府はキリスト教への恐怖感から貿易に積極的ではなかった。外様大名が貿易で利益を上げて富強化することも恐れ、鎖国という形で制限をかけた。

国産化できない産物があったことで、やむなく外国との貿易を継続したに過ぎなかった。だが、自給率が上昇して国産品で対応できるようになれば輸入の必要はなかったことには注意したい。その点に注目した一人が意次なのである。

深刻化する財政難

幕府の財政が豊かだったのは、初代将軍家康から三代将軍家光までの時代である。江戸開府から半世紀ほどの期間だったが、四代将軍家綱の時代に入ると、暗雲が立ち込める。

財政悪化の契機となったのは、江戸城と城下が灰燼《かいじん》に帰した明暦三年（一六五七）の大火である。この明暦の大火により江戸復興に莫大な出費を余儀なくされた幕府が、江戸城本丸天守の再建断念に追い込まれたことはよく知られている。

そのうえ、歳入が頭打ちとなる。幕領の年貢量が上限に近づいていたからだ。年貢を賦課できそうな土地の開発が一段落したことに加え、農民の抵抗を念頭に置けば年貢率のアップにも限界があった。

もう一つの財源である金銀の産出量も低迷しはじめる。とりわけ、日本は銀の産出国として世界に知られていたが、無尽蔵ではない以上、枯渇するのは時間の問題だった。金銀産出量の低迷により、金貨や銀貨が思うように鋳造できず、その分、歳入を増やすこともできなくなる。

一方で、歳出は増大を続けた。泰平の世により経済は未曽有の発展を遂げるも、それは出費の増大も意味し、幕府とて例外ではない。消費経済の発展が歳出の増大を後押ししたのであり、その傾向に拍車をかけた人物こそ五代将軍綱吉だった。

華やかな元禄時代を象徴するかのように、綱吉は豪勢な生活を送った。しかし、それだけ歳出は増大した綱吉の時代を境に、幕府は深刻な財政難に陥る。

赤字財政に転落したことで財政構造の限界に直面した幕府は、新たな財源を通貨の改鋳に求める。主導者は勘定奉行の荻原重秀《おぎわらしげひで》であった。

苦肉の策が裏目に

金貨は金と銀、銀貨は銀と銅が原料だが、重秀は金貨の金含有率、銀貨の銀含有率を引き下げる改鋳を通じ、金銀貨の鋳造量を増やした。つまり、増加分の金貨や銀貨を支出に充て、財政危機を乗り切ろうとした。金銀産出量の低迷を受けての苦肉の策でもあった。

その分、幕府の収入は増えた。増収分は「出目《でめ》」と呼ばれる。通貨の品位、つまり質を下げることで得られた臨時収入だった。

金や銀の純度を下げ、水増しすることで金銀貨の鋳造量を増やしたが、これは通貨の鋳造を独占する幕府にしかできない芸当である。よって、元禄の時代にはじまる改鋳は歳入を容易に増やせる手法として、その後も何度となく繰り返される。

この時の改鋳で得た出目は約五百万両ともいわれる。当時の幕府の歳入は百万両強であり、数年分の収入を労せずして得ることができた。

しかし、良いことばかりではなかった。質の落ちた金貨や銀貨が大量に出回ったことで、通貨の価値がおのずから下がり、インフレが引き起こされたからである。流通量の増大が商品経済の発展を促した面はあったものの、インフレのため物価が上昇して庶民の生活が苦しくなったのもまた事実だった。庶民は幕府への不満を募らせることになる。

享保改革における新田開発

綱吉の時代を境に深刻な財政難に陥った幕府は、通貨の品位を下げる改鋳で財政危機を乗り切る。ただし、あくまでも緊急避難的な対応であった。重秀が主導した改鋳はインフレという形で経済を混乱させる劇薬でもあり、幕府は財政再建に本格的に取り組むことが迫られる。

そんな折、吉宗が八代将軍の座に就く。吉宗は享保の改革と呼ばれる幕政改革を断行したことで知られるが、何といっても財政再建に力を入れた将軍だった。

吉宗は紀州藩主時代と同じく、みずから倹約に努めることで支出削減の範を示す一方、積極的な新田開発や年貢率のアップにより幕領からの年貢米を増やそうと図る。

新田開発については、享保七年（一七二二）七月に新田開発を促す高札を五街道の起点日本橋に立てた。高札の趣旨は次のとおりであった。

「新田として開発可能な土地があれば開発の許可を与えるので、五畿内の幕領で開発を希望する者は京都町奉行所、西国・中国筋の幕領は大坂町奉行所、北国筋・関東の幕領は江戸町奉行所に出願せよ」

高札という形で新田開発の希望者を公募したのは、はじめてのことだった。新田開発に要する費用の捻出に苦しむ幕府としては、豪商や豪農など民間の資本に大いに期待したのである。

幕府が新田開発への投資を促したことも追い風となり、全国各地で新田開発の動きが活発となる。紀州藩における新田開発で活躍した井沢弥惣兵衛たちの優れた治水技術も相まって、大規模な新田が次々と生まれた。その結果、吉宗が将軍となる前の元禄期に約四百万石だった幕領は、享保十五年には約四百五十万石にまで増え、江戸時代を通じての最高値に達する。

年貢率も引き上げる

吉宗は新田開発の奨励と並行して、年貢率のアップにも力を入れた。併せて年貢の徴収法を変更することで増収につなげようと目論む。

第1章の郡上一揆の項で触れたように、年貢の徴収法は定免法と検見取法に大別される。

定免法の場合、その継続と引き換えの形で年貢率を引き上げたが、検見取法については有毛《ありげ》検見取法という新たな方法を導入している。

毎年の収穫状況に即した徴税法という点では従来の検見取法と同じであったものの、検地で定めた田畑の等級を無視した点でまったく異なった。従来の検見取法はそのランクを基準に年貢量が決められたが、これでは検地後の生産力アップが年貢量に反映されなかった。よって、年貢量賦課に際してはランク付けを無視することで、検地後の生産力アップも年貢量に反映させたのであり、さらなる増収が目指された。

これにより、綱吉の時代に三〇%を下回っていた年貢率は一転上昇し、総じて五〇%にまでアップする。新田開発の奨励により、年貢が賦課できる農地も約五十万石増えた。

これらの要因により、年貢量は大幅にアップする。享保元~十一年(一七一六~二六)は平均百四十万石だったが、同十二~十五年(一七二七~三〇)は平均百五十六万石余にまで増えている。

上米の制

享保十五年時点の幕府の歳入と歳出の数字が現在残っている。その数字によると、歳入(七十九万八千八百両)が歳出(七十三万千二百両)を六万両以上も上回っており、年間収支が赤字から黒字に転換していたことがわかる。歳入面では年貢がトップの六〇%以上を占め、歳出面では幕臣に支給した切米《きりまい》(俸禄米)と役料(役職手当)がトップの四〇%を占めた。

数字上、収支は改善しており、吉宗による財政再建が一定の成功を収めたことは間違いない。その最大の理由は、何といっても年貢量の増加を実現したことであった。

この年、財政収支が改善されるまでの時限立法だった「上米《あげまい》の制」が廃止される。新田開発を促す高札が立てられた享保七年、幕府は家臣である幕臣への俸禄米にまったく不足してしまう。それまでは、諸国の城に非常用として預けていた兵糧米を転用するなどしてやり繰りしていたが、それでも足りなくなる。その結果、このままでは幕臣数百人を召し放たなければならない状態に追い込まれた。リストラを迫られる。

万策尽きた吉宗は諸大名から上納させる米をもって、不足する俸禄米に充てようと決意した。新田開発の効果が出るまで、諸大名からの上納米で急場をしのごうと図る。

同年七月、幕府の財政事情を包み隠すことなく明らかにしたうえで、諸大名に対して石高一万石につき百石の割合で米を上納させた。上米の制である。

その補塡として、諸大名には参勤交代制に基づく江戸在府期間を一年から半年に半減した。諸大名は大勢の家臣と江戸藩邸で一年間生活することにより莫大な出費を余儀なくされており、在府期間の半減で支出が大幅に減ることが予想された。幕府はこの措置を通じ、上米の負担は十分に相殺されるとみなしたのだ。

参勤交代の軽減とセットの形で諸大名から上納された米の総量は、年間十八万七千石に達した。これにより幕臣への俸禄米は確保できたが、あくまでも限定措置だった。新田開発の効果が出て年貢米が増え、財政収支が改善されれば上米の制は廃止される予定であった。ただし、それには八年を要した。

年貢増徴の限界——突きつけられる現実

享保十五年、幕府は上米の制を廃止し、諸大名の江戸在府期間を一年に戻した。財政収支が改善したことで、恥を忍んで諸大名に米を上納してもらわなくても、幕領からの年貢米で幕臣への俸禄米は十分に賄えるようになった。

吉宗の時代、赤字に転落していた幕府の財政は持ち直す。江戸時代を通じて最高値に達したように、年貢米が大幅に増えたことは実に大きかった。収支は黒字に転換し、減る一方であった備蓄用の金銀も増えはじめた。やがて百万両を超えるまでになる。

財政再建は達成されたかにみえたが、年貢米の増加が理由だった以上、結局のところ農民の負担を重くするものでしかなかった。重税にあえぐ農民が年貢徴収にあたる代官に反発し、激しい一揆を起こすようになるのは時間の問題であった。

幕府はこれに対し、武力と厳罰をもって農民の抵抗を押さえ込む。だが、その激しい抵抗に直面した幕府は、これ以上年貢米を増やせない現実を思い知らされた。年貢米に依存する財政構造の限界を悟り、その構造改革は待ったなしとなる。

逆に、享保改革の頃をピークとして幕領からの年貢量は漸減する。農民の抵抗に押され、現場の代官たちが年貢の減免を余儀なくされたからだ。年貢の増徴に堪《たま》りかねた農民が逃げ出し、耕作が放棄された農地も少なくなく、農村の荒廃も進行する。つまり、幕領の総石高が漸減したことも年貢量漸減の要因になっていた（安藤優一郎『徳川幕府の資金繰り』彩図社）。

そうした折、幕府のトップに躍り出たのが意次なのである。

2　新たな財政・金融政策の推進

経済・財政・金融政策の司令塔——幕府勘定所

幕府の財政を預かったのは勘定奉行をトップとする勘定所であり、年貢米に依存する財政構造の限界に直面したことで新たな財源を模索していた。そんな勘定所に意次は大いに期待する。

勘定所は意次の期待に応えるため増税を柱とした財政政策を打ち出すも、それだけではない。経済政策や金融政策も展開することで、幕府の財政再建にとどまらず、併せて国力の増強も目指した。

勘定所は財政政策のみならず経済・金融政策の司令塔として、大きな影響力を持つ巨大官庁なのであり、現代にあてはめれば財務省と経済産業省を兼ね備えたような組織だった。管掌する業務も多岐にわたったが、その政策をみる前に組織機構について触れておこう。

享保六年（一七二一）、勘定所は年貢の徴収管理など財政面を担当する勝手方《かってかた》と、幕領における訴訟など民政を担当する公事方に分課される。これにより事務処理の効率化を狙った。奉行も勝手方二名、公事方二名、一年交代で勤務する体制となった。勘定所は幕領を統治する関係で、財政のみならず民政も担当した。

定員四人の勘定奉行の下では、勘定組頭、勘定、支配勘定の序列のもと、各自の職務にあたった。勘定組頭は十二人ほどで、宝暦十一年（一七六一）の数字では勘定は百三十四人、支配勘定は九十三人。その下に、支配勘定見習、勘定出役《しゅつやく》、支配勘定出役などが付属した。年貢徴収にあたった郡代や代官、年貢米を収納する浅草の米蔵などを管理する蔵奉行、幕府直轄の山林を管轄する林奉行、幕府の金蔵を管理する金奉行も勘定奉行の配下であった。

勘定所勤務の役人の総数は時期により増減するが、文化九年（一八一二）は二百二十三人、安政六年（一八五九）は三百九人に増えている。それだけ業務が拡大していたのであり、数だけでいえば幕府最大の役所だった。

勘定所は江戸城の本丸御殿のほか大手門横にも置かれ、役人たちは二つに分かれて事務を執った。前者は御殿勘定所、後者は下勘定所と呼ばれた。

勘定所には各部局の会計を検査するだけでなく、奉行及び配下の勘定組頭そして郡代・代官たちの監視を任務とする役職も置かれた。奉行からは独立した存在だった勘定吟味役である。勘定所での経費支出には、何であれ吟味役の賛成が必要とされていた。

吟味役は勘定所の役人が職権を乱用しないよう監視し、不正があれば告発することが幕閣から期待された。それには勘定所内部の事情に通じていることが不可欠であり、勘定所を事実上取り仕切った勘定組頭から抜擢される傾向がみられた。吟味役を勤めあげると勘定奉行などの要職に昇進する事例も少なくなく、出世コースとなっていた陰の重職だった。

商人への課税強化

明和六年（一七六九）、意次は老中格に抜擢されて幕府のトップに立つが、それ以前から幕政に影響力を持っていた。宝暦元年（一七五一）、御側御用取次に就任したことがそのきっかけであり、同職を長く勤めた。明和四年（一七六七）には側用人となって影響力をさらに強め、同九年（一七七二）には老中の座に就く。だが、天明六年（一七八六）、老中辞職に追い込まれて失脚する。

将軍家重・家治の時代にあたる宝暦〜天明期は田沼時代とも呼ばれる。意次が御側御用取次、側用人、そして老中として幕政を主導したことで、そう呼ばれたのだ。以下、田沼時代に勘定所が遂行した諸政策をみていく。まずは財政政策である。

享保改革の時より、幕府は商工業者による同業者の組合、つまり株仲間の結成を認めはじめる。株を持たない者はその商売や職業に関われず、株仲間に所属する商人や職人が利益を独占できる仕組みを構築した。

ただし、幕府から営業上の独占権が認められる代わりに、株仲間は冥加金《みょうがきん》の上納を義務付けられる。冥加金とは営業上の特権を与えられたことへのお礼として差し出した献金のことである。事実上の営業税であったため運上《うんじょう》とも呼ばれた。

幕府が株仲間の結成を商工業者に認めた背景には、株仲間を通して流通ひいては物価をコントロールしたい目論見も秘められていたが、田沼時代に入ると、商品経済の発展を背景に株仲間の結成を積極的に認める。運上・冥加金の賦課対象を拡大して歳入の増加を図り、併せて流通のコントロールを強化したい狙いがあった。増税であると同時に、経済政策としての側面があった。

株仲間の結成を認められたのは都市部だけではない。農村部でも商工業が発展していたことで、「在方株《ざいかた》」と呼ばれた株仲間が幕府から公認される。

田沼時代に結成が認められた株仲間としては、以下のものが挙げられる。

宝暦十年（一七六〇）、幕府は大坂の菜種問屋と綿実問屋に対して株仲間の結成を認める。明和七年（一七七〇）には油問屋の株仲間を公認した。さらに、油を製造していた摂津・河内《かわち》・和泉の農村（「在方」）にも「油稼株《あぶらかせぎ》」を認める。運上・冥加金を賦課するとともに、これらの株仲間を介して菜種油や綿実油の流通を統制することで、その安定的な供給を目指した。

江戸では灯り用として灯油《とぼしあぶら》の消費が増す一方であった。灯油といえば菜種油や綿実油だったが、大坂など上方で製造された油（下《くだ》り油という）に依存したことで、その安定的な供給は幕府にとり大きな課題となっていた。

庶民の衣料品として広く需要があった木綿についても、大坂の綿屋や綿買次積問屋《わたかいつぎ》に対して株仲間の結成を認める。運上・冥加金の賦課に加え、木綿の安定的供給がその目的だった。明和九年（一七七二）のことである。

同年に樽廻船《たるかいせん》問屋、安永二年（一七七三）には菱垣《ひがき》廻船問屋に対しても株仲間を認める。両問屋とも江戸・大坂間の輸送を担った船問屋であり、幕府は二つの株仲間を介して海上における物資の流通をコントロールしようとした。

公金貸付の拡大による利殖

運上・冥加金の賦課を通じて商業活動への課税を強化した勘定所は、商品経済の発展を下支えしていた金融業にも本格的に乗り出す。利殖のため、幕府の公金を積極的に貸し出す方針を打ち出した。幕府による貸付事業は「公金貸付」と呼ばれる。

もはや年貢量の増加に期待できないのならば、利殖で歳入を増やそうという戦略だった。貸付額を拡大することで利息収入を増やし、歳入をアップさせようと目論む。金融政策により増収を図ったのである。

あまり知られていないが、主に勘定奉行配下の代官が窓口になる形で、既に幕府は貸付事業を展開していた。貸出先は大名や旗本、資産のある豪商や豪農であった。

公金貸付とは別に拝借金を許可することもみられた。これは無利息である。享保十七年（一七三二）、イナゴの大群に西国の農地が荒らされたことで享保の大飢饉が起きたため、幕府は西国諸大名に拝借金を許可する。領内が蝗害《こうがい》のため年貢を徴収できず、手元不如意《ふにょい》となったことを受けての対応だった。だが、拝借金は大名の窮状を救うための貸付金で、公金貸付は幕府が利殖を図るための貸付金であり、その意図するところはまったく違っていた。

公金貸付による貸付額は、九代家重と十代家治の時代にあたる宝暦～天明期（一七五一～八九）以降激増する。まさしく、年貢収入に依存する財政構造の限界に直面していた頃にあたった。その後も貸付額は増え続け、天保十三年（一八四二）には二百五十九万両余にも達する。

これほどまでに貸付額が激増したのは、低利だったことが一番の理由である。公金貸付といっても様々な種類があったが、利息はおおむね年利一〇％前後に過ぎず、当時の相場ではかなり低いほうだった。よって、貸付を望む大名や旗本は少なくなかった。事業拡大の資金を得たい豪商や豪農にも魅力的な貸付事業であったのは間違いない。

その結果、貸付額は飛躍的に増え続ける。連動する形で、利息収入は最盛期には年間二十万～二十五万両にも達した（竹内誠『寛政改革の研究』吉川弘文館）。年貢収入には及ばなかったものの、歳入のアップに苦心する幕府にとり大きな財源となる。

米価引き上げの財源となった御用金

幕府に限らず、大名や旗本が年貢や雑税以外の方法で領民から金銭を徴収できる名目は二つあった。献金と御用金である。

献金の場合、領主側に返済の義務はなかったが、御用金は返済するのが決まりだった。三％程度の低利ではあったものの、利息付きで返済されるのが建前である。そのため、献金に比べれば命じやすかった。領民側からすると断りにくかった。

領主は様々な理由を掲げ、御用金の上納を命じた。姫様の嫁入り、若殿様のはじめての江戸城登城、先祖の法会の執行などの理由を挙げ、富裕な領民にその費用を出金させた。領主は総じて財政難であり、そうした臨時出費を賄う余裕などなかった。急場しのぎとして、富裕な領民に費用を負担させた。

出金額は、借り手の領主側から指定するのが通例であった。御用金は献金とは違って返済するのが決まりとはいえ、返済は滞ることが多く、時代が下るにつれて献金と変わらないものになる。事実上の踏み倒しだ。領民は不満を抱くも、ご領主様であるためむげには断れず、その減額を交渉するのが精一杯だった。

幕府も大名や旗本と同じように、幕領の富裕な町人や農民から調達した御用金をもって臨時の出費を賄うも、三都などの大都市を直轄領としたことは大きかった。日本を代表する豪商が数多く住んでおり、多額の御用金を出金させることが可能であった。幕府が三都をはじめ全国各地の重要都市を直轄したメリットが確認できる。

幕府が最初に御用金を命じたのは、家治が将軍に就任した翌年にあたる宝暦十一年（一七六一）のことである。当時は豊作続きで、米価は低落していた。年貢米を換金して歳入に充てた幕府からすれば、米価低落はその減少に直結する由々しき事態だった。

よって、市場に流通する米を大量に買い上げることで、米価の引き上げを目論む。これにより歳入の減少を防ごうとしたが、問題は買い上げに必要な巨額の資金であった。財政難であるから手元にそんな資金はなく、富裕な領民に御用金の上納を命じることで米穀の買い付け資金を確保しようと図る。

この時に御用金が割り当てられたのは、「天下の台所」の異名を持つ大坂の豪商たちである。当時は大坂を筆頭とする上方の商人が江戸の経済、つまり富を牛耳っていた。江戸に出店する豪商の大半は上方に本店を構え、江戸店《だな》はその出張所のような位置付けだった。
 以後、幕府は大坂のほか、直轄地である堺・兵庫・西宮の豪商、及び周辺農村の豪農にも御用金を何度となく課す。上方の商人のほか、豪農にも対象を拡大すること
で、買い付けの資金を潤沢に確保しようとした。
　このように、勘定所は米価調節の資金として、幕領の富裕な領民から御用金を取り
立てた。いわば公債を割り当てることで米価政策の財源を確保した。その手法が導入
されたのが、まさに田沼時代だったのである。

金貨と銀貨の統一を図る通貨政策

　財政難のなか、勘定所はあの手この手を使って歳入の増加を図っていた。そこで
は、国力の増強につながる通貨政策も見逃せない。
　勘定所は管轄する金座、銀座、銭座《ぜにざ》をして金貨、銀貨、銭貨（三貨）を鋳造した。
金貨といっても金と銀、銀貨といっても銀と銅からなったが、金銀産出量の低迷を背
景に、改鋳の名のもと金より銀の含有率が上回る金貨、銀より銅の含有率が上回る銀
貨が鋳造されていた。その一方、江戸中期に入ると、金貨と銀貨を融合させた通貨の
鋳造が開始される。

金貨は一両＝四分《ぶ》＝十六朱《しゅ》の四進法に基づく「計数貨幣」であったのに対し、銀貨は取引の際に計量が必要な「秤量《しょうりょう》貨幣」だった。一枚あたり四十三匁《もんめ》（約百六十グラム）ほどの丁銀《ちょうぎん》と、五匁（約十八グラム）前後の小玉銀（豆板銀ともいう）の二種類があり、小玉銀は丁銀の補助通貨として使われた。銀の小銭のようなものであった。

三貨は時の相場で交換されながら、市場で流通した。その変動率に合わせて交換業務にあたったのが両替商だが、両替商を通さなければならない分、流通に支障が生じた。銀貨は取引のたびに計量する必要もあり、さらに支障が生じるのは避けられなかった。

この問題を解決するため、幕府は両替商も計量も不要な通貨の鋳造に踏み切る。秤量貨幣たる銀貨を金貨のように計数貨幣として通用させるため、表面に数字を入れた銀貨を登場させた。

明和二年（一七六五）、明和五匁銀の鋳造が開始される。表面に「銀五匁」と極印を入れて計量の手間を省くことを狙った銀貨であった。幕府は五匁銀十二枚で金一両（＝銀六十匁の公定相場）と交換するよう命じ、金貨との融合を目指す。

明和五匁銀はその形から「硯《すずり》」と呼ばれたのだが、幕府の思惑どおりには流通しなかった。小額貨幣としては比較的重かったことに加え、両替商の抵抗も背景にあったという。明和五匁銀の鋳造は失敗に終わるが、幕府はこれで諦めたわけではなかった。七年後の同九年（一七七二）、今度は良質な銀を意味する言葉である「南鐐《なんりょう》」を冠した明和南鐐二朱銀を鋳造した。二朱は金貨の単位で一両の八分の一にあたるが、銀貨を計数貨幣に変身させるだけでなく金貨としても通用させたい目論見があった。表面には「以南鐐八片換小判一両」（南鐐八片をもって小判一両と換える）と極印され、南鐐二朱銀八枚で一両と交換すると定めていた。

明和五匁銀の失敗を鑑み、その重量は半分ほどであった。「南鐐」という言葉を使うことでプレミア感を演出していることには、何とか通用を促進させたい幕府当局の狙いが滲み出ている。

さらに、両替商の抵抗に遭って失敗したことを教訓に、今回はその協力を得ることで流通の促進を目指した。小判と南鐐二朱銀を引き換える際の手数料増額を認めたのである。

つまり、両替商が一両分の南鐐二朱銀を売る時は銀〇・四匁を買い手に渡す代わりに、逆に一両分の南鐐二朱銀を買う時は売り手から倍の銀〇・八匁を余分に徴収することを認めた。買い手には銀〇・四匁を余分に渡すことで南鐐二朱銀への引き換えを促すとともに、両替商には手数料をその倍とすることで南鐐二朱銀買い取りのメリットを与えた。

こうした幕府の取り組みも相まって、明和南鐐二朱銀は人々の間で普及しはじめ、長い年月をかけて丁銀や小玉銀を市場から駆逐していく。この通貨政策によって流通の障害は次第に取り除かれ、国力の増強につながる経済活動の発展が実現していくのである（瀧澤武雄・西脇康編『日本史小百科　貨幣』東京堂出版）。

3　国産化政策と殖産興業

止まらぬ金銀の国外流出

吉宗の時代より、幕府は輸入に依存していた産物の国産化にたいへん力を入れる。金銀の流出問題が背景にあった。

江戸初期の段階では戦国時代以来の鉱山開発ブームが続いていたため、金銀の産出量は増加を続けたが、やがて減少に転じる。五代将軍綱吉の時代に入ると、幕府が金銀を原料とする金銀貨の鋳造に苦しむようになったことは先に述べた。

その一方、国内産の金銀貨は国外に大量流出していた。六代将軍家宣の政治顧問だった新井白石の『折たく柴の記』によれば、慶安元年（一六四八）から宝永五年（一七〇八）までの間に、中国産の生糸や絹織物の支払いに金二百三十九万七千六百両余と銀三十七万四千二百二十九貫目余が消えた。また、慶長六年（一六〇一）から宝永五年までの百七年の間に、幕府が鋳造した金貨の四分の一が、銀貨に至っては四分の三が、国外に流出した。

白石によれば、これは表に出た数値に過ぎず、実際はその数を上回るものだったという。通貨ではなく、金や銀のまま流出した分も多かっただろう。幕府は金貨や銀貨を鋳造することで、鋳造経費を差し引いた分を歳入に組み込めたが、金銀産出量が低迷していたうえに海外に大量流出したことで原料の確保に窮する。それは幕府の財政難にも直結する由々しき問題だった。

幕府はこの事態を打開するため、正徳五年（一七一五）に海舶互市新令《かいはくごししんれい》と呼ばれる貿易制限令を発した。長崎に来航できるオランダ船や中国船の数と貿易量、そして輸出品を指定することで金銀の流出を防ごうと図る。既に銀の輸出は禁止していたものの、守られていなかった。

同令では海産物である俵物や伊万里焼などの美術工芸品が輸出品に指定された。前者が中国向けの輸出品で、後者がオランダ向けの輸出品だった。

幕府は貿易制限により金銀の流出を防ごうとしたが、やがて中国産の生糸や絹織物については輸入しなくても済むようになる。生糸や絹織物の国産化が達成されていくからだ。支払いのため、金銀が海外に流出することもなくなる。

だが、依然として国内で自給できない産物も少なくなかった。輸入に頼り続ける限り、国内の金銀が代価として流出するのは避けられない。吉宗は国産化に力を入れることで金銀の流出を極力食い止めようとしたのである。

朝鮮人参の栽培奨励と人参座の設置

吉宗が国産化を推進した産物として、まずは朝鮮人参が挙げられる。高麗人参とも呼ばれる朝鮮人参は朝鮮や中国東北部に自生し、薬効があるとして日本では需要の大きい薬草だった。日本でも人参は自生したものの、薬効があまりなかった。

当時、幕府は対馬藩を介して朝鮮とも貿易を行っていた。主たる輸入品は朝鮮人参だが、その代金は銀で支払われたため、朝鮮人参の需要の高さを受けて銀の流出量は増えるばかりであった。

よって、吉宗は朝鮮人参の栽培を奨励する。国産化を達成して自給できるようになれば、銀の流出も防げるからである。

まずは、朝鮮との貿易を任せていた対馬藩をして朝鮮に自生する人参の種を密かに入手させ、日光で試作させた。試作に成功して増産も可能になると、日本産の朝鮮人参の種と苗を幕府直轄の薬園や各地の幕領に配り、栽培させている。徳川御三家の尾張・紀州・水戸の三藩、そして松前・仙台・会津・金沢・福井藩などにも種と苗は分け与えられた。会津藩に至っては、後に同藩の特産物となるほど栽培が盛んとなる。

こうして、朝鮮人参の栽培が国内で広まるが、意次は御側御用取次を勤めていた時より、国産化の推進に精力的に取り組んでいる。

宝暦十三年（一七六三）、本草《ほんぞう》学者で町医師の田村藍水《らんすい》が幕臣に取り立てられた。「人参博士」と称されたほどの朝鮮人参の権威だったことに、意次は目を付けたのである。藍水には人参の栽培と薬種製法に関する著作もあり、既に吉宗も読んでいた。

幕臣に取り立てられた藍水は朝鮮種人参御用を命じられ、江戸の飯田町に新設された人参製法所の責任者となる。下野・上野・陸奥・信濃などにも毎年出張して栽培された人参の生根を買い上げ、製法所で製薬にあたった。

製薬された人参は、同年に設けられた人参座が独占的に販売することになっていた。関東・東海・大坂の薬種商三十四軒を下売人に指定し、販売させた。

その結果、朝鮮人参の国内生産量は急増し、輸入に依存する状況から脱却していくのだが、実際に服用されなければ、朝鮮人参の輸入は続くことになる。翌十四年五月、意次は奥医師に次のように申し渡し、国産人参の普及を図った（藤田覚『田沼意次』）。

「吉宗以来、幕府が朝鮮人参の国産化を推進しているのは、需要が大きいため品薄となってしまい、下々の者たちの手に入らないからである。生産量が増えて価格が安くなれば、下々の者も服用できる。国産人参の効能が輸入品と変わらないことは確認済みでもある。ところが、その効き目が薄いと、薬種商とつるんだ一部の医者たちが言いふらしている。そうしたデマに惑わされず、国産人参の効能は輸入品と遜色はないことを理解するように」

奥医師に国産人参を使用させることで、その普及の追い風にしようとしたのである。

国産砂糖の製造を支援する

朝鮮人参の国産化を牽引した意次は、同じく輸入に大きく依存していた砂糖の国産化にも精力的に取り組む。これにしても吉宗以来の方針を踏襲したものだった。

日本に砂糖が伝来したのは奈良時代のことである。遣唐使や留学僧によりもたらされたが、舶来の砂糖は高級品だった。食用ではなく薬として用いられていた。

その後も砂糖は輸入に頼らざるを得ず、高級品の時代が続く。江戸時代に入っても薩摩藩領の奄美大島や琉球で砂糖黍《きび》が栽培されるのみで、国産で需要を満たすのは無理だった。ほとんどを輸入に頼ったため、その分、国内の金銀が代価として流出した。よって、吉宗は砂糖の自給も目指したのである。

まずは、砂糖黍の栽培法を諸国に広く求めるとともに、薩摩藩を介して苗を取り寄せ、浜御殿（現旧浜離宮恩賜庭園）で栽培を開始した。享保十二年（一七二七）のことであった。二年後には砂糖の製造を開始し、さらに二年後の同十六年（一七三一）には黒砂糖の製糖に成功する。

そんな幕府の取り組みに刺激され、砂糖黍の栽培そして製糖に取り組む農民も出てくる。武蔵国橘樹《たちばな》郡大師河原村（現神奈川県川崎市）で名主を勤めた池上幸豊《いけがみゆきとよ》はその一人だった。幕医の田村藍水から勧められたことがきっかけである。藍水は人参だけでなく、砂糖の製造にも取り組んでいた。

藍水が試作していた砂糖黍の苗を譲り受けた幸豊は研究を重ね、独自の製糖法を編み出す。黒砂糖のみならず、白砂糖の製糖にも成功したのだ。明和三年（一七六六）十一月には意次の屋敷で砂糖製造を実演しており、意次が砂糖の国産化にも関与していたことがわかる。

自分が編み出した製糖法の普及を願う幸豊は関東郡代に対し、製糖法に関する触書を支配下の農村に出してほしいと願い出るも、取り上げられなかった。そのため、意次の用人に関東郡代への取り成しを働きかけている。同五年（一七六八）には、製糖法を伝授するため関東や東北など十二カ国の巡回が許されたが、同じく意次に働きかけた結果であった。この普及活動は幸豊が死去する寛政十年（一七九八）まで続き、幸豊から製糖法を伝授された者は二十数カ国の百五十人以上に及んだ（『川崎市史』通史編二　近世）。

朝鮮人参や砂糖の国産化は、勘定所主導というよりも、意次主導の色合いが濃い施策であった。それも御側御用取次時代から取り組んでおり、当時から幕政に強い影響力を持っていたことが改めて確認できる。

鉱山開発の推進

このように、意次は朝鮮人参や砂糖の国産化を通じて金銀流出の防止を図ったが、とりわけ銀の確保には熱心だった。鉱山の振興そして輸入により、金銀貨の原料である銀の確保に奔走する。

鉱山の振興では、開発し尽くされた感もあった金山や銀山に加え、銅山そして鉄山の開発に力を入れた。銀貨や銭貨の原料だった銅には銀も含まれたことで、銀不足に悩む幕府は銅の増産だけでなく、いきおい銅山の開発にも力を入れたのである。折しも明和五匁銀や南鐐二朱銀の鋳造が開始されたため、銀の需要は高まっていた。

鉄山の開発に熱心だったのは、当時銭貨の原料となっていたからである。銭貨の原料は銅だが、大量の銅が輸出に回されたことで、銅以外の素材で銭貨を鋳造する必要が出てくる。明和二年（一七六五）より鉄銭の鋳造が開始され、同五年（一七六八）には真鍮（銅と亜鉛の合金）を素材とする真鍮四文銭の鋳造もはじまる。

幕府が鉱山開発を奨励したのは、これに先立つ宝暦十三年（一七六三）のことである。採掘されていない銅山、当時は休業中の銅山の操業を命じた。明和四年（一七六七）五月には、鉱山の新規開発や既存の鉱山を再開発する時の出願手続きを定める。

一連の指令が呼び水となり、鉱山開発は活発化していく。

意次との親密な関係が取り沙汰される平賀源内も武蔵国秩父郡中津川鉱山、秋田藩領の院内銀山・阿仁《あに》銅山の振興に関わるなど、鉱山開発にのめり込んだ。意次の側室「神田橋お部屋様」の仮親だった奥医師千賀氏は、安永二年（一七七三）頃にはじまった中津川鉱山の開発事業に投資した。これにも源内は関与していた。

銀確保のため大坂銅座・長崎俵物役所を設置

銀の輸入については、宝暦十三年に中国（清）から年間で銀三千貫、明和二年にはオランダからヨーロッパ銀貨の輸入が開始される。

中国やオランダから銀を輸入する場合、その代わりに輸出するものが必要となる。従来は金銀で支払ってきたものの、幕府としては避けたいところだった。そこで浮上したのが銅と俵物だ。銅はオランダ、俵物は中国向けの輸出品であった。

従来、銅は銀貨や銭貨の材料であったが、銀輸入の手段として大量に確保しなければならなくなる。そのため、幕府は銅山の開発に力を入れ、併せて集荷体制も整備する。明和三年（一七六六）、幕府は大坂に銅座を設置し、諸国の鉱山で採掘された銅を集荷させた。集められた銅は精錬のうえ、棹銅《さおどう》として輸出された。

中国向けの輸出品に指定された俵物は干鮑《ほしあわび》・煎海鼠《いりこ》・鱶鰭《ふかひれ》といった海産物の総称である。俵に詰められて輸出されたため、そう呼ばれた。この三品は中華料理の高級食材としての需要が高く、長崎に来航した中国の商人たちも喜んで買い込んだ。正徳五年（一七一五）の海舶互市新令でも中国向けの輸出品として指定されていたが、幕府は銀を大量に確保するため俵物の集荷に力を入れたのである。

天明五年（一七八五）、幕府は全国各地の漁村に俵物の生産を割り付け、長崎に設置した俵物会所へ送るよう命じた。役人を各地に派遣して長崎への廻送を督促するとともに、長崎奉行には会所に集められた俵物の輸出事務を執らせた。

4 蝦夷地と印旛沼開発

松前藩による蝦夷地支配

田沼時代に勘定所が遂行した政策は、財政・経済・金融政策にとどまらない。大規模な国土開発事業も主導している。もちろん、歳入を増やすためであった。

江戸開府以来、幕府は新田開発に代表される開発事業に取り組んでいた。だが、田沼時代に入ると、スケールのより大きい開発が企画される。当時は未開の地が大半を占めた蝦夷地《えぞち》（現北海道）の開発事業である。

歴史教科書に蝦夷地が登場するのは主に江戸時代からだが、室町時代中期にあたる十四世紀末頃には和人と呼ばれた本州の人々が現在の北海道南部へ進出する。既に蝦夷地にはアイヌの人々が住んでいたものの、和人の進出により生活が圧迫されたことで蜂起に追い込まれる。長禄元年（一四五七）に起きたコシャマインの戦いである。蜂起したアイヌを鎮圧したのが後に松前藩主となる蠣崎《かきざき》家だった。

その後、渡島《おしま》半島南西部にあたる松前に本拠を移した蠣崎家は、江戸時代に入ると徳川家康から蝦夷地の支配を認められ、松前と改姓する。

ここに、福山城を居城とする松前藩が誕生したが、その所領は現在の北海道西南の一部に過ぎなかった。蝦夷地の大半がアイヌの居住地であることに変わりはなかった。

幕府からアイヌとの交易を許された松前藩では、蝦夷地交易の権利を上級家臣に分与している。具体的にいうと、米・綿布といった本州の産物をアイヌに売り渡すとともに、鮭・鰊《にしん》・昆布など蝦夷地の産物を受け取った。松前藩が所領の代わりにアイヌとの交易権を与えたのは、当時蝦夷地では米が取れなかったからである。

所領に田地がなく、米を収穫できなかった大名は「無高」と格付けされた。無高大名の事例としては対馬藩宗家や松前藩松前家が挙げられる。対馬を所領とする宗家は十万石の格式を幕府から与えられていた。朝鮮との国交回復に尽力し、その後朝鮮との外交業務を幕府より委託されたことが理由だが、アイヌの支配にあたった松前藩の場合は一万石の格式にとどまる。北方に対する危機感の薄さが反映された数字でもあった。

蝦夷地に接近するロシア

しかし、田沼時代に入ると、ロシア船が蝦夷地の近海に姿を現して通商を求めるようになる。ロシアが日本の北方に進出してきたため、幕府は否応なく危機感を高めた。国防上、ロシアの南下が看過できないレベルに達したことで、松前藩には任せておけないという空気が幕府内に広まっていく。

意次は蝦夷地問題に高い関心を持っていた。そのきっかけとなったのが、仙台藩医の工藤平助が意次の用人を通じて提出した『赤蝦夷風説考』上下二巻である。

先に書かれたのは下巻のほうで、オランダ語で書かれたロシアの地誌をもとに、ロシアの地理と歴史が記述されていた。天明元年（一七八一）四月の脱稿だった。同三年正月脱稿の上巻では、ロシアとの貿易と蝦夷地開発が説かれた。なお、赤蝦夷とはカムチャツカ（あるいはロシアとも）を指す言葉であった。

『赤蝦夷風説考』を読んだ意次は勘定奉行の松本秀持《ひでもち》に同書を下げ渡し、ロシア貿易や蝦夷地開発について検討するよう命じる。意次が頼みとする勘定所は時間をかけて検討し、不明な部分は著者の平助を呼び出して説明させた。

四年（一七八四）五月十六日、秀持は老中水野忠友に以下のような趣旨の蝦夷地政策案を上申する。

> 「千島列島伝いに蝦夷地に接近するロシアはこの数十年来、日本との交易を望んでいる。蝦夷地を舞台に抜荷《ぬけに》を行っているが、これを取り締まるのは難しく、公式に貿易を認めるしかない。蝦夷地の鉱山を開発することで得られる金銀銅をもってロシアと交易すれば、日本の利益となるだろう」

勘定所は意次の意向を受け、ロシアとの貿易や蝦夷地開発に前向きな指針を示したが、これを政策化するには蝦夷地の調査が不可欠だった。勘定所では抜荷の取り締まりと鉱山調査のため、普請役の派遣を検討する。普請役とは、河川や用水の普請などにあたる勘定所役人のことである。

だが、諮問を受けた平助は難色を示す。抜荷の噂があるとの理由で、いきなり普請役を調査に派遣しても、松前藩の協力が得られない可能性が高かったからである。

蝦夷地調査団の派遣

やむなく幕府は、次善の策として、勘定所が掴んだロシアとの抜荷の噂について松前藩に回答を求めたうえで、調査が必要として普請役を派遣する段取りを立てた。二段構えをとったが、その際には抜荷だけでなく、金銀山の開発やロシアとの貿易の可能性も調査する計画だった。

奉行の松本秀持は質問書を作成し、意次の了解を得た後に、松前藩へ提示した。同年六月三日のことである。九月六日、松前藩は抜荷の事実はないとする回答書を秀持に提出した。勘定所としては予想された回答であった。その後、金銀山の開発やロシアとの貿易調査のため、翌五年に普請役を蝦夷地に派遣することが予定どおり決まる。

秀持は調査団派遣に先立ち、松前藩に対して次のように通告した。蝦夷地で鉱山やロシア貿易について調査すれば、幕府にも松前藩にも利益となり、抜荷の取り締まりにもなる。蝦夷地だけでなく、併せて千島列島と樺太《からふと》も調査する。

同年四月二十九日、松前に到着していた調査団は二手に分かれ、調査を開始する。東蝦夷地から国後島《くなしりとう》に向かう一行と、西蝦夷地から樺太に向かう一行である。十二月には調査の中間報告が勘定所に届き、六年二月初めにも、現地に派遣した普請役佐藤玄六郎からの調査報告が届いている。

蝦夷地開発とロシア貿易計画の挫折

六年二月六日、秀持は現地調査に基づいて蝦夷地政策案を改めて上申したが、その内容は大きく変更されていた。

前回の政策案では金銀山の開発やロシアとの貿易が柱だった。ところが、今回は新田開発が柱になっている。蝦夷地のほか、樺太、国後、択捉《えとろふ》は耕作に適した土地であり、アイヌも農業を望んでいるとして、蝦夷地の十分の一にあたる約百十一万六千四百町歩の新田開発が提案された。五百八十三万二千石の新田が見込まれるという見通しを述べ、開発に必要な労働力は十万人と見積もった。

本来の調査目的だった金銀山の開発やロシアとの貿易計画はいったいどうなったのか。前者にはまったく触れておらず、後者については否定的であった。すなわち、抜荷といっても貿易というほどのものではない。ロシア貿易を本格的に開始すれば大規模になり、金銀が流出してしまう恐れがあると指摘している。

金銀山の開発に触れていないのは、調査の結果、採掘できる見込みが立たなかったからだろう。ロシアとの貿易に否定的だったのは、長崎貿易で得られるものと同じであることが判明し、メリットはないと判断したからである。蝦夷地で得られる金銀をもってロシアと貿易を開始しようという目論見は雲散霧消してしまう。

その結果、勘定所は蝦夷地については新田開発を柱とすることに方針を変更した。意次もこれを了承する。

しかし、蝦夷地の十分の一を開発する計画も陽の目を見ることはなかった。あまりに大風呂敷な計画であったことに加え、この年の八月に意次が失脚したことが決定的だった。蝦夷地開発事業は頓挫し、寛政十一年（一七九九）になって再浮上する。この年、幕府は東蝦夷地を直轄し、ようやく蝦夷地の開発がはじまることになる。

印旛沼干拓の顚末

田沼時代に立案されたスケールの大きい事業といえば、下総国《しもうさのくに》の印旛沼《いんばぬま》干拓計画も外せない。印旛沼は利根川の下流に位置する二十平方キロメートルもの巨大な沼で、干拓工事成功の暁には三千九百町歩の新田が生まれる予定だった。

印旛沼の干拓計画は、幕府が新田開発を奨励した享保改革の時にはじまる。

享保九年（一七二四）、下総国印旛郡平戸村（現千葉県八千代市）の染谷源右衛門《げんえもん》が印旛沼干拓による新田開発を願い出た。印旛沼西端にあたる平戸村から江戸湾の検見川《けみがわ》村（現千葉県千葉市）までの約十七キロメートルの堀割工事により、印旛沼の水を江戸湾に落とす計画であった。幕府はこれを認め、資金として数千両を貸与したものの、工事途中で資金が足りなくなり干拓は頓挫してしまう。

田沼時代に入ると、この印旛沼干拓計画が再浮上するが、印旛沼周辺では利根川の氾濫による水害問題を抱えていた。よって、今回の干拓工事では堀割工事に加え、水害対策も組み込まれる。利根川から印旛沼に水が入るのを遮断するため、堤も築かれることになった。

今回の干拓工事を提起したのは、印旛郡などを支配する代官宮村高豊《たかとよ》であった。安永九年（一七八〇）、印旛郡惣深新田《そうふけしんでん》の名主平左衛門《へいざえもん》と千葉郡島田村の名主治郎兵衛《じろべえ》に干拓計画案の提出を命じ、翌天明元年には江戸の商人長谷川新五郎と大坂の商人天王寺屋藤八郎に資金協力を依頼して、その承諾を取り付ける。新田誕生の暁には八割を出資者の商人の取り分とし、二割は地元の取り分とする約束だった。

勘定所も三千九百町歩もの新田が得られる印旛沼干拓計画に注目する。同二年七月には、干拓工事が決定した。

工事は順調に進んでいたが、天明六年（一七八六）七月にまさしく水の泡となる出来事が起きる。関東を襲った大風雨により、利根川が氾濫したのだ。大増水した利根川の水が堤を破壊して印旛沼に流れ込んだため、干拓計画は振り出しに戻る。排水のための掘割も破壊された。さらに、意次の失脚と重なったことも相まって、印旛沼干拓工事は再び中止に追い込まれる（藤田覚『田沼意次』）。

勘定所主導の財政・経済・金融政策、というよりも一連の改革政策は大きな成果を上げ、歳入のアップをもたらした。幕府財政の構造改革も進んだ。だが、意次が深く関与した蝦夷地開発及び印旛沼干拓工事という新規事業は成果を上げられなかった。両事業とも意次の失脚が影を落としており、田沼時代の終焉を告げる象徴的な事業になったのである。

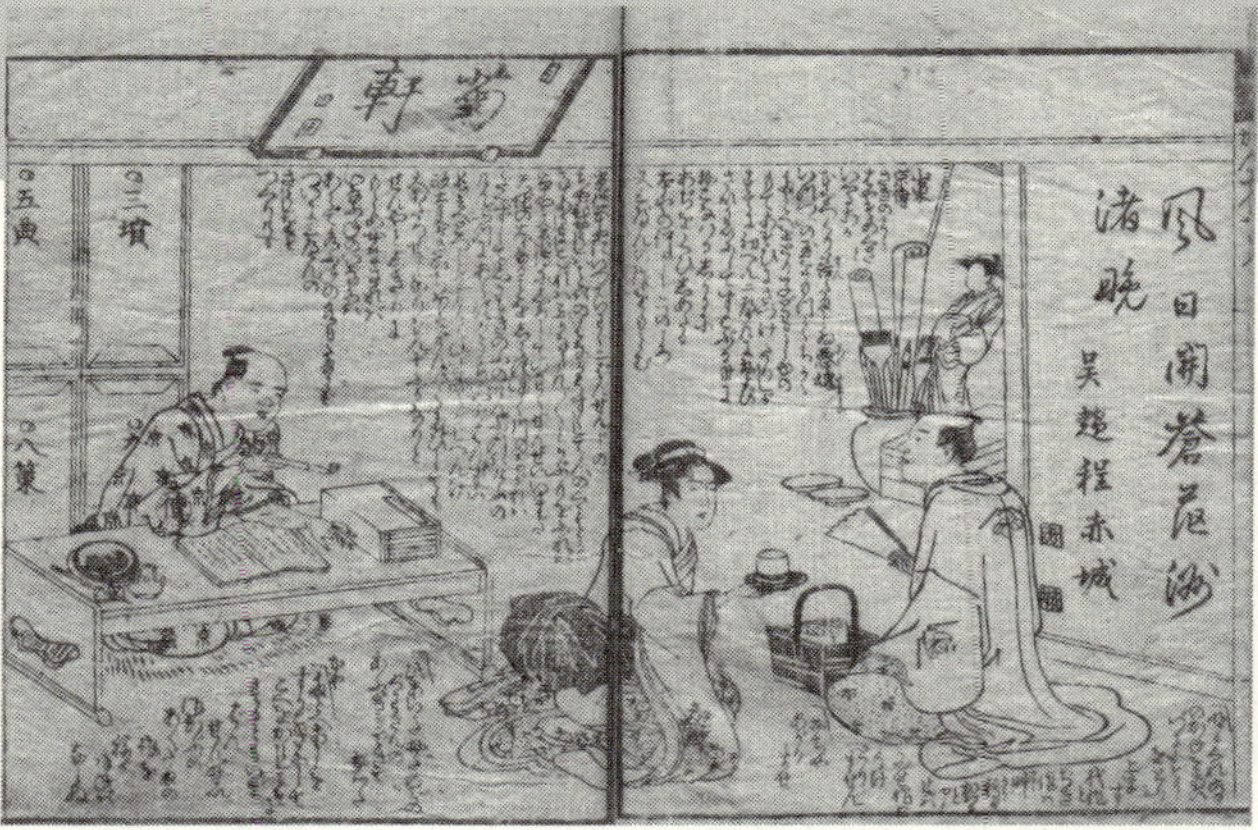

山東京伝「堪忍袋緒〆善玉」（左：山東京伝、右：蔦屋重三郎）。意次の改革にも後押しされた江戸では「メディア王」と呼ばれる蔦屋重三郎が登場、歌麿や写楽などの浮世絵や、山東京伝や十返舎一九などの文芸が花開いた。

P4FM37 Illustraion of “Kan’ninbukuro ojime no zendama”, Author Santo Kyoden (1761 - 1816), published in 1793, Private Collection.

提供：アフロ

第4章

改革者田沼意次の光と影
——成り上がり者への反感

1 民間の献策を受け入れる幕府

幕府への上書システム

意次は政策を遂行するにあたり、経済・財政・金融政策の司令塔だった勘定所に大いに期待しただけでなく、民間の意見を積極的に取り入れている。政策の実現を民間に担わせることも少なくなかった。

前章で取り上げた蝦夷地開発は、工藤平助が意次に著書『赤蝦夷風説考』を提出したことからはじまった。砂糖の製造といった一連の国産化政策は民間の力も活用したもので、武州大師河原村名主の池上幸豊は幕府の許可を得て自分が編み出した製糖法を伝授して回った。

それまで、幕府が民間の献策を取り上げなかったわけではない。施政に役立つと判断すれば取り上げている。吉宗の時代からはじまった目安箱の制度は、そんな幕府のスタンスをシステム化したものであった。郡上藩の苛政を訴えた領民の投書などは、将軍家重お声掛かりのもと評定所で審理されたことで、意次が幕府の実力者として注目される契機となったことは先に述べた。

ただし、投書が許可されたのは庶民だけで、幕臣は認められなかったことには注意したい。養生所誕生につながった投書の主は町医者の小川笙船《しょうせん》だが、幕臣の投書が禁止された裏には組織の秩序を乱すとの判断があった。何か申し出たいことがあれば、自身が属する組織の長に申し出るようにということなのだろう。さもないと、組織が崩壊すると危惧したわけだ。

なお、幕府のほうから意見を求めた場合は別である。上書は可能だった。

幕府としては、施政に役立つという前提のもと民間の意見を汲み上げた。そこに積極的なスタンスをとったのが田沼時代であった。

民間からの献策を政策化することは、将軍綱吉の時代から盛んにみられる。これにより江戸の社会が活性化したのは間違いない。しかし、関係部署への働きかけの過程で賄賂が横行したのもまた事実である。許認可権を持つ部署への裏工作が激しかったのは、江戸時代も例外ではなかった。

将軍家宣の政治顧問だった新井白石はそうした現状を問題視し、正徳六年（一七一六）に民間からの献策自体を厳禁する。採用された献策はあるものの、好ましくない結果を招いたこと、賄賂が横行したことが理由だった。幕府から諮問した場合を除き、民間のほうから献策してくるのを厳禁する。

だが、幕府はこの方針を堅持できなかった。早くも三年後の享保四年（一七一九）には献策を解禁する。民間の知恵に頼らなければ、施政が立ちゆかない実状を幕府みずから認めたのである。

その結果、民間からの献策は増加し、やがて田沼時代を迎える。意次が積極的に取り入れて政策化したことで、献策はさらに増えていく。

勘定所の出世競争が招いた提案ラッシュ

幕府が財政難に苦しんでいたことを踏まえ、税収アップにつながる献策が多かった。言うまでもなく、そのほうが採用されやすいからである。となれば、献策先は自動的に勘定所となる。

財政難を受けて新たな財源を模索していた勘定所は幕府の他のセクションに比べると、能力が非常に重視された組織だった。勘定奉行の下には勘定組頭、勘定（ここまで御目見得以上の旗本役）、支配勘定（御目見得以下の御家人役）などの役職が置かれたが、能力次第で、勘定でもトップの奉行に抜擢されることは珍しくない。他のセクションではみられない人事のルールであった。

元禄期の貨幣改鋳を推進した荻原重秀は家禄百五十俵の勘定だったものの、能力が評価されて奉行まで出世し、禄高も三千七百石まで加増される。改鋳を建議した当時は勘定吟味役で、その功績により奉行となった。幕府の財政危機を救ったことが評価された人事である。

他のセクションに属する御家人が勘定所に入って、奉行に上りつめた事例もみられる。宝暦十二年（一七六二）に奉行となった小野一吉《くによし》は父が御細工所《おさいくしょ》同心組頭で、もともと御家人身分だった。元文二年（一七三七）、目付配下の徒目付《かちめつけ》（御家人）から勘定所に移ると勘定（旗本身分）に取り立てられ、その才をいかんなく発揮する。エレキテルに代表される発明品で知られる平賀源内が舌を巻くほどのアイデアマンであり、吟味役を経て奉行に抜擢された。

身分が人事の基準となっていた江戸時代、能力が基準とされた勘定所は異質な組織であった。勘定所に勤める役人は能力次第で奉行への出世も夢ではないとして、幕府の歳入を増やすため知恵を絞る。小野一吉も幕府の利益になること、つまりは歳入を増やすことを第一に考えて職務に励んだという。奉行に上りつめた一番の理由でもあった。

こうして、勘定所の役人たちは出世の糸口にしようと、幕府の利益となる提案を争うように行った。ついには、自分の案が採用されて歳入アップにつながれば出世できるという期待から、各方面にトラブルを引き起こすかどうかを確かめることなく、やみくもに提案する風潮も生まれる。実際、その案が政策化されると、案の定、トラブルが生じた。

明和二年（一七六五）三月、老中は勘定奉行に対して次のように申し渡した。勘定所から上申されてくる事案については奉行を信用し、そのまま許可を与えて政策化している。ところが、トラブルとなって撤回に追い込まれた事例が出ている。今後は政策化した場合の利害得失を熟慮したうえで上申するように。

幕府が財政問題に関しては勘定所に頼り切っていた実情がみえてくるが、戒めの効果はなかった。勘定所の役人たちが出世の糸口にすることを優先するあまり、利害得失を熟慮せずに提案し続けたからである。幕府は同じ轍を踏み続ける。

明和二年時、意次は御側御用取次だった。その後老中の座に就くと、勘定所はいうに及ばず、民間の献策も積極的に取り入れるスタンスをとる。よって、勘定所は利害得失を熟慮することなく、幕府の利益になると称した提案をますます行うようになる。その結果は、おのずと明らかだった。

利権を狙う山師たち

歳入アップにつながる提案を政策化することで起きるトラブルは、許可する幕府側だけでなく、献策する民間側にも問題があった。田沼時代には、いわゆる山師が暗躍していたのである。

山師にはいくつかの意味がある。本来は鉱脈の発見や鉱石の採掘事業を行う人、山林の買い付けや伐採を請け負う人という意味で、中津川鉱山や院内銀山の振興に関わった平賀源内などはまさに山師にあたる。

しかし、山師は投機的な事業で金儲けを企む人を指す言葉でもあった。鉱脈を発見したといっても、期待するほどの成果を上げられるとは限らない。実際に採掘してみなければわからなかったため、山師は投機的な事業で金儲けを企む人とイメージされてしまう。さらには、詐欺師のようなネガティブなイメージをまとう言葉にもなった。

田沼時代はそんな山師たちが暗躍した時代だった。

『解体新書』で知られる蘭学者の杉田玄白に『後見草《のちみぐさ》』という著書がある。田沼時代の世相がうかがえる貴重な証言が収められた著作だが、運上（冥加金）つまり新たな税収が得られると提案する山師が跋扈《ばっこ》した現状を風刺した狂歌が紹介されている。玄白がそんな現状を苦々しく思っていたことは明らかだ。それは世間一般の評価でもあった。

新たな税収につながることは幕府としても大歓迎するところだった。だが、問題は新たな負担により不利益を被る人々の動向である。その反発は避けられないにもかかわらず、自分もその分け前にあずかるため、山師たちは言葉巧みに勘定所を言いくるめる。出世の糸口につながるならばリスキーな提案でも飛び付いてしまう役人たちの心理に付け込む。

幕府への献策には利権を得たい目論見が秘められていた。幕府の財政難を救うために一肌脱ぐという殊勝な心掛けではない。その裏では、御決まりの賄賂が動いた。不利益を被る人々の犠牲の上に、賄賂の力で利権を勝ち取ろうとしたため、玄白や世間からは批判を浴びる。

言いくるめられた幕府としても、反発を買って政策の撤回に追い込まれたとなれば、不信感を抱かざるを得ない。先に挙げた勘定奉行に対する訓戒の背景となった。

山師に限らず、民間からの献策が活発だった背景として、経世論《けいせいろん》の広がりは外せない。経世論とは現実の社会問題を対象とした政治経済論を指すが、幕府も藩も財政難に苦しんでいたことを受け、それを克服するための議論が当時活発であった。

例えば、経世家の海保青陵《かいほせいりょう》は商売をいやしめる武士の偏見を批判し、藩財政の再建は商工業に拠るべきと説いた。同じく経世家の本多利明《としあき》は貿易振興による国富増進の必要性を力説した。そうした時流に乗って、山師たちは新たな税収につながるとした献策を活発に展開したのである（藤田覚『田沼意次』）。

2　都市と農村の混乱

伝馬制度と助郷

田沼時代、民間からの献策を受けて政策化した事案が撤回に追い込まれる事例はいくつもみられる。まずは、明和元年（一七六四）閏十二月に勃発した伝馬《てんま》騒動により、中山道の増助郷《ましすけごう》を民間に請け負わせる方針が撤回された事例をみていこう。

幕府は各宿場に一定数の人足や馬を常備させることで、次の宿場まで公用の荷物や旅行者をリレー方式で送り届けるシステムを構築していた。これを宿駅《しゅくえき》制度あるいは伝馬制度という。公用の荷物や旅行者の輸送業務を宿場に課したのである。

そのため、常備する人足や馬の数を指定した。五街道でみると、東海道の宿場は人足百人と馬百疋《ひき》、中山道は人足五十人と馬五十疋、甲州・日光・奥州街道は人足二十五人と馬二十五疋ずつ常備するよう命じる。宿場は一日あたり、この数まで人馬を提供することが義務付けられた。

人馬の調達や管理にあたったのは宿場に設けられた問屋場《といやば》である。問屋場には宿場の最高責任者である問屋、補佐役の年寄、事務担当の帳付《ちょうつけ》、人馬を差配する業務に直接あたった馬指《うまさし》・人足指が詰めた。

常備した人馬で不足する場合は、あらかじめ指定された近隣の農村が人馬を提供した。これを助郷という。常に提供が義務付けられた「定《じょう》助郷」と、特別な時のみ提供する「加《か》助郷」の二つに大別される。

伝馬騒動――農民の猛反発による中山道増助郷政策の撤回

幕府の交通政策を管掌するのは道中奉行である。大目付と勘定奉行各一名が加役として兼任したが、交通量が増大していた中山道では定助郷の対象拡大が焦眉の課題となっていた。「増助郷」である。

人馬の提供が新たに義務付けられる農村側の反発は必至だった。だが、幕府の思惑を察し、中山道の増助郷に関する業務を請け負いたいとする動きが出てくる。

増助郷の請負を道中奉行に願い出たのは、中山道が通過する武蔵国の豪商や豪農、高利貸たちである。増助郷を命じられた村々から、人馬提供の代わりに石高百石につき六両二分を徴収し、その調達費に充てると申し出た。実際のところは宿場近在の村から人馬を安く雇いあげるつもりであり、その差額を懐に入れようと目論む。

増助郷の業務を請け負うことに利権を見出した献策に他ならない。幕府側にもその業務から逃れられるメリットがあった。運上の納入はなかったものの、業務を請け負わせる分、財政支出は不要となる。焦眉の課題だった増助郷も実現できる。

幕府はこの献策を採用するが、増助郷の対象となった武蔵・上野・下野・信濃の村々からは猛反発を受ける。その怒りの矛先は、請負願いを提出した豪商や豪農、高利貸たちに向けられた。

明和元年閏十二月十六日、武蔵国児玉郡の十条河原に児玉郡などの農民一万八千人余が集まり、増助郷の免除を訴えるため江戸表《おもて》に押し出すことを決める。二十二日より、農民たちは中山道本庄宿に集まり、その後江戸へと向かった。一揆勢は雪だるま式に膨れ上がっていった。

驚いた幕府は深谷宿に役人を派遣し、江戸に向かわないよう説得するも、農民たちは聞き入れなかった。その後、鴻巣《こうのす》・桶川宿と南下を続けたため、幕府は江戸城の各城門や入口を厳重に固める。

窮した幕府は増助郷の撤回を決める。関東郡代伊奈《いな》忠宥《ただおき》を桶川宿に派遣し、その旨を伝えたことで、一揆勢の江戸行きは中止となった。しかし、一揆勢の怒りは収まらず、増助郷の請負計画に加担した者たちの居宅を打ちこわした。

騒動が鎮静化すると、幕府は今回の騒動に加わった者たちへの吟味を開始する。処罰者は武蔵のみならず、上野・下野・信濃の村々にも及んだ。

一説には、伝馬騒動には二十万人（実数は七万〜八万人）が参加したと伝えられる。増助郷の撤回に追い込まれた幕府が大きな衝撃を受けたのはいうまでもない。翌二年三月、老中は勘定奉行に対し、政策化した場合の利害得失を熟慮することを求めたわけだが、伝馬騒動の顚末が念頭にあったことは想像に難くない。

大坂家質奥印差配所の廃止

次は、明和四年（一七六七）十二月に設置された大坂家質奥印《かじちおくいん》差配所《さはいじょ》が廃止に追い込まれた事例を取り上げる。

大坂に限らず、町人は金銀を借りる際に自分の家屋敷などを担保に入れたが、これに大坂の商人が目を付けた。家質奥印差配所を新設し、家屋敷を担保に借り入れる場合は差配所に届け出て、家質証文にその奥印を受けることを義務付けるシステムを幕府に提案する。奥印を受ける際、借主・貸主双方は差配所に手数料を納めるとした。

この案を献策した商人は冥加金納入と引き換えに差配所の運営を請け負い、手数料を懐に入れようと目論んだのである。冥加金納入に目がくらんだ幕府はこの献策を容れる。家屋敷を担保とする借り入れに利権を見出した献策だった。同年十二月二十三日に差配所は設置される。

以後、家屋敷を担保とする借り入れに際しては差配所に届け出て、借主はおろか貸主まで手数料を納めることになった。当然ながら手数料の負担を強いられた大坂の町人たちは猛反発する。そもそも、どれだけの金額を借り入れたかを差配所に知られてしまうことへの嫌悪感は強かった。さらには、貸主にまで手数料を納入させるとなると、借り入れに支障が生じるのは明らかであった。

翌五年一月上旬、町人たちは町奉行所に対し、差配所の設置に反対する旨の訴状を提出した。だが、受理されなかったため、不満が爆発した町人たちは差配所設置を献策した商人の居宅を打ちこわした。

町人たちの反発にもかかわらず、冥加金に期待を寄せる幕府は差配所設置の方針を撤回しなかったが、結局のところ、その反発は無視できなかった。安永四年（一七七五）に至って、差配所は廃止される。

上州絹糸貫目改会所の廃止

三番目は、天明元年（一七八一）設置の絹糸貫目《けんしかんめ》改会所《あらためかいしょ》が同じく廃止に追い込まれた事例である。

上野や武蔵では絹や生糸の生産が盛んで、両国の四十七カ所で開かれる絹市で取引が活発に行われた。三都などの都市からやって来る商人たちが、絹市に出荷された絹や生糸を買い取ったのである。

この活発な取引に目を付けた豪商や豪農たちは、絹糸貫目改会所を十カ所設置し、取引の際に絹や生糸の規格を検査して改料《あらためりょう》を徴収することを願い出た。大坂家質奥印差配所の場合と同じく、冥加金納入と引き換えに絹糸貫目改会所の運営を請け負い、手数料を懐に入れようと目論む。幕府はこの献策も容れた。

六月二十七日、幕府は絹糸貫目改会所を設置し、七月二十五日より改料を徴収すると上野・武蔵両国に触れた。改料は絹や生糸を買い取る商人から徴収したが、これに不満の商人は買い控えを行ったため、窮した生産者の農民たちの間に絹糸貫目改会所への反発が広がる。

八月九日、農民たちの不満は爆発し、絹糸貫目改会所の設置を画策した豪商や豪農の居宅への打ちこわしがはじまる。十四日には、一揆勢は高崎城下に大挙押し寄せた。高崎藩は鎮圧のため発砲し、即死者も出た。

藩主松平輝高《てるたか》は幕府のトップたる老中首座であった。つまり、高崎城下への乱入には絹糸貫目改会所設置を幕府に撤回させたい一揆勢の目論見も秘められていた。

一揆の勃発に衝撃を受けた幕府は、十六日に至って農民たちの要求を認める。民間からの献策を受けて政策化した事案は、またしても撤回に追い込まれたのである（『百姓一揆事典』民衆社）。

3　意次は賄賂政治家だったのか

公然と行われていた贈収賄

田沼時代の政策については、商業資本との癒着が指摘されるのが定番である。これまで取り上げてきた税収アップにつながる献策の裏では、利権を見出した商人が関係部署の役人に賄賂を贈ることは日常茶飯事となっていた。

そのため、意次は賄賂政治家のイメージが今なお強いが、贈賄自体は何も田沼時代にはじまったことではない。

江戸時代に限らず、役職には役得が付随する場合があった。幕府は江戸以外の重要な直轄地を統治するため、旗本を奉行（遠国奉行《おんごく》）として派遣した。そして、当該奉行は地域の住民や寺社からの献上品を定期的に受け取っている。年始や八朔《はっさく》のお祝いを名目に献上されたのである。

八朔は八月一日を意味する言葉であった。この日は徳川家康が江戸城に入った日とされたため、幕府がたいへん重要視した記念日だ。よって、幕府や遠国奉行などの出先機関などに対し、様々な品がお祝いとして献上されるのが習わしだった。

例えば、奈良の町を統治した奈良奉行には奈良晒《さらし》一反、人形、饂飩《うどん》、芋、そして奈良漬などが町人たちから献上された。これは幕府が公的に認めた定例の献上品である。つまりは役得で、賄賂ではない。それ以外の謂《いわ》れのない贈り物は賄賂であり、受け取れないことになっていた。

しかし、贈賄は公然と行われた。特に勘定所や許認可権を持つ部署への賄賂は激しかった。幕末に勘定組頭や勘定吟味役を勤めた旗本鈴木重嶺《しげね》は、明治に入ってから旧事諮問会の質問に応じて次のように証言している。

「（前略）三家三卿をはじめ諸侯方から、何か頼み事のある場合など、勘定奉行勝手方へ何か贈り物のあるのが普通でしたが、その贈り物は、すべて勝手方の組頭に賜わるのが仕来たりで、吟味役は貰えぬことになっておりました。それは自分が貰っては口がきけぬからでありますす」

——その贈り物というのは、どういうわけのものですか。

「それは三家三卿にいたせ、貸付方そのほか勘定所の方で取扱う事項がありますから、それでお心附けがありますので」

（「勘定所の話」『旧事諮問録』東京帝国大学史談会編、青蛙房）

御三家や御三卿をはじめとする諸大名が幕府に何か頼み事をする場合は、勘定組頭に贈り物をするのが普通だった。頼み事とは幕府からの貸付金などで、その決定権は勘定組頭が握っていたことがわかる。

贈り物、お心附けと表現されているものの、その実態は諸大名からの賄賂に他ならなかった。なお、監査役である勘定吟味役は職務上、諸大名側から何も受納できなかったのは至極当然である。

普請奉行所への賄賂も当たり前のように行われていた。江戸にある幕府の施設はもとより、全国各地の遠国奉行所や代官所の建物の修繕を担う役所であり、その利権は材木商人など業者にとり垂涎の的だった。最後の将軍徳川慶喜《よしのぶ》の小姓を勤めた村山鎮は以下のように証言する。

「御普請奉行は江戸は勿論、遠国奉行所から御役屋敷（今の官舎）御代官所に至るまで、悉く修繕を引受けて、随って御普請役という御家人が多く附属していて、中には人物もあったが、悪い者も多く、道中などで威張り、商人等より賄賂を取ったものもあったそうです。これらの輩が、旧幕府の評判を悪くしたのです」

（「大奥秘記」『幕末の武家』柴田宵曲編、青蛙房）

普請奉行所の実務を担ったのは御家人から起用された普請役だが、商人から賄賂を取っていた。商人は普請役への賄賂により、いわば官公庁の建物の修繕業務を掌中に収めた。

奥右筆《おくゆうひつ》組頭への賄賂も多かった。奥右筆は老中・若年寄など幕閣が解決すべき事案に対し、先例を検索・勘案して解決策を上申することを任務とした役人である。職掌の広範さのため十数の課に分かれており、その数は二十人ほどだった（本間修平「徳川幕府奥右筆の史的考察」〈『法と権力の史的考察』服藤弘司・小山貞夫編、創文社〉）。

よって、幕閣に何事かを願い出る前に、奥右筆組頭に相談して内諾を得ておけば、その段階で願いは叶ったといってもよかった。幕閣は判断を奥右筆組頭に任せていたからだ。奥右筆組頭も幕府の陰の実力者であったことで、必然的に賄賂も多かったのである。

幕府実力者による口利き

田沼時代に限らず、幕府への賄賂は常態化していたものの、勘定所など関係部署に直接献策するとは限らなかった。側用人や御側御用取次といった中奥勤務の将軍側近に働きかけ、その口利きにより献策する事例がみられた。すなわち、幕府の陰の実力者としての威光を借りて関係部署にプレッシャーをかけ、献策の実現を図った事例は少なくない。

側用人や御側御用取次は政治職ではなく、将軍と老中たち幕閣との伝達役に過ぎなかった。だが、将軍の権威を後ろ盾に、老中もその威を恐れる存在となったことは第1章でも述べた。

あるいは、幕閣を構成する老中や若年寄の家臣に働きかけ、家臣から口を利いてもらうこともみられた。献策された関係部署からすれば、その主君たる老中や若年寄の威光は無視できず、前向きに検討せざるを得なかったはずだ。

中奥勤務の側用人や御側御用取次にせよ、幕政を掌る老中や若年寄の家臣にせよ、自身の価値を踏まえての依頼であることは先刻承知していた。よって、無償で口を利くはずもなく、その裏では多額の金品が動いた。

享保改革最中にあたる元文五年（一七四〇）五月、幕府は中奥勤務の役人や老中・若年寄の家臣による奉行への口利きを戒める。奉行つまりは関係部署の長にプレッシャーをかける構図が念頭に置かれていたが、口利きがなくなることはなかった。賄賂の横行にストップをかけることもできなかった。

安永六年（一七七七）、幕府は中奥勤務の役人や老中・若年寄の家臣に対し、口利きしないよう再び命じる。しかし、掛け声だけに終わる。

当時、意次は幕府のトップたる老中として口利きを戒める立場にあった。その一方、用人を通じて入手した工藤平助の『赤蝦夷風説考』を読んだ後、勘定奉行松本秀持に下げ渡し、蝦夷地開発の検討を命じている。意次みずから勘定所に口利きしたことと同じであり、その戒めが掛け声だけに終わったのも当然の結末だった。賄賂も横行し続けたのである。

家臣団の統制が不十分だった意次

前章でみたとおり、田沼時代は従来にない施策がとられた時代だった。民間からの献策を取り入れるなどして様々な新規事業も積極的に展開され、税収の増加が図られた。要するに、意次は規制を緩和することで幕府の財政難に対応しようとしたのであり、改革者としての顔を持っていたと評価できる。

しかし、民間の献策を積極的に取り入れるスタンスをとったことで、その分、献策も多かった半面、利権を見出した商人が賄賂を頻繁に贈ったため政治の腐敗が進行する。賄賂政治家という意次の悪評が定着する結果となり、田沼時代のイメージをネガティブなものにしたことは否めない。

幕府のトップとして、賄賂を横行させた脇の甘さは非難されても仕方がない。だが、田沼家でみると、賄賂を直接受け取って意次に献策を取り次いだ家老や用人に問題があったのはいうまでもない。用人とは家政向《むき》を取り扱う家臣のことで、渉外担当の役割も果たしていた。

自身が賄賂を受け取っておらずとも、家臣が受納すればその監督責任からは逃れられないが、意次の場合、六百石の旗本から大名、そして老中へと上りつめたことは大きかった。自分の手足となるはずの家臣のコントロールが不十分だったのであり、その点を突かれた格好で意次の周辺では商人たちが暗躍し、家老や用人への賄賂が横行した。

一代で大名にまで上りつめたこともあり、意次の家臣団は寄せ集めにならざるを得なかった。家臣の列に加えた者も武士とは限らない。家臣団のトップたる家老の井上寛司や用人の三浦庄司でさえ農民から取り立てられた者であり、田沼家は厳格な身分制の縛りとは無縁な大名家だった。

意次も家臣団に問題があったことはよくわかっていたはずだ。しかし、十分にコントロールできないまま、補佐役の家老や用人が商人たちに付け込まれ、賄賂を受け取ってしまう。田沼家の脇の甘さが露呈し、意次は賄賂政治家として伝承される結果となった。

第2章で述べたように、意次は父の代に幕臣に取り立てられた新参者であるにもかかわらず、将軍の信任の厚さを後ろ盾に幕府のトップへと成り上がった。そのため、先祖代々の幕臣社会からは成り上がり者として白眼視された。それは賄賂政治家に象徴されるネガティブなイメージを増幅させる要因ともなったのではないか。

目上はもちろん、目下への気配りや気遣いが行き届いていたのも、そんな視線を意識したからだろう。外部への配慮は十分だったのだが、内部つまり家臣には目が行き届かなかったことで、足を引っ張られる結果となる（藤田覚『田沼意次』）。

4 出版界の風雲児・蔦屋重三郎が演出した華やかな江戸文化

江戸のメディア王となる蔦屋重三郎の登場

意次はそれまでの原則にとらわれず、自由な発想のもと幕政に臨んだ。年貢米に依存する従来の財政構造の限界に直面したことを背景に、商業活動への課税を強化した。蝦夷地開発に象徴される新規事業も積極的に企画した。進取の気性に富む政治姿勢は経済や社会に大きな刺激を与えたが、文化についても同様である。

そんな活気ある雰囲気のもと経済や社会が発展した田沼時代の時流に乗り、出版を通じて江戸文化をさらに活性化させた人物がいる。最近では江戸のメディア王と称されることも多い蔦屋《つたや》重三郎《じゅうざぶろう》だ。世襲の時代に抗《あらが》うように、一代で江戸のメディア王にのし上がった成り上がり者であった。

田沼時代を追い風に江戸文化をリードした重三郎は、寛延三年（一七五〇）正月に吉原《よしわら》で生まれた。意次の三十一歳年下にあたる。時は九代将軍徳川家重の治世で、江戸幕府中興の祖ともいうべき前将軍吉宗が大御所として幕府に睨みを利かせていた。

しかし、翌宝暦元年（一七五一）に吉宗が六十八歳の生涯を終えたことで、時代は大きく変わろうとしていた。この年、意次は御側御用取次に昇格する。

重三郎の父丸山重助《じゅうすけ》は吉原で働いていたとされるが、重三郎七歳の時に妻と離別する。その後、重三郎は吉原で茶屋を営む蔦屋に養子入りした。ここに蔦屋重三郎が誕生する。

重三郎が生まれ育った吉原（現東京都台東区千束）は、江戸のなかで遊女商売を唯一公認された遊郭の町だった。その東西は京間で百八十間（約三百五十一メートル）、南北は同百三十五間（約二百六十六メートル）あり、面積は二万坪余にも達した。周囲は忍び返しを付けた黒板塀が廻らされ、その外側には「おはぐろどぶ」と称された堀が設けられた。廓《くるわ》への出入りは大門一カ所だけに制限された。いずれも遊女の逃亡を防ぐための設備である。

大門の入口には町奉行所の同心や岡っ引きが常駐する面番所が置かれた。不審者が吉原に紛れ込むのを防ぐためだった。面番所の向かい側には、四郎兵衛会所と呼ばれた小屋も置かれ、遊女の逃亡を監視するための番人が常駐した。

遊郭といっても、吉原は遊女屋だけで成り立った町ではない。吉原の遊客相手の飲食業も盛んだった。重三郎が養子に入った茶屋の蔦屋もそんな飲食業者のひとつである。享保六年（一七二一）の数字によると、吉原の人口は八千百七十一人。そのうち遊女は二千百五人、遊女の使用人である禿《かむろ》が九百四十一人で、遊女は約四分の一を占めるに過ぎなかった。

吉原の遊女について解説しておこう。遊女には等級が設けられ、それに応じた名称が付けられたが、当初は太夫《たゆう》、端女郎《はしじょろう》の二階級制だった。その後、寛文年間（一六六一〜七三）までには格子《こうし》女郎、局《つぼね》女郎、切見世《きりみせ》女郎、散茶《さんちゃ》女郎が加わって六階級制となる。明和年間（一七六四〜七二）には呼出、昼三《ちゅうさん》、付廻《つけまわ》し、座敷持、部屋持、切見世女郎の六階級制に変わった。呼出、昼三、付廻し（座敷持まで含める場合もある）

は高級遊女を指す花魁《おいらん》、それ以外の遊女は新造《しんぞう》と呼ばれた（加藤貴編『江戸を知る事典』東京堂出版）。

重三郎が養子に入った蔦屋は飲食を提供するだけの茶屋ではない。遊女屋への手引きを行う引手《ひきて》茶屋だったらしい。そのため、重三郎は遊女屋にたいへん顔が利いた。吉原通であったことが、出版ビジネスにもプラスとなる。

「吉原細見」の出版を独占する

養子に入った蔦屋は茶屋であったものの、重三郎は長ずるに及んで異業種の出版界に参入する。

ただし、最初から版元として本を出版したわけではない。そのはじまりは貸本屋そして書店だった。当時、本は高価なもので、購買層は経済力のある者に限られた。貸本屋から本を借りて読むのが一般的なスタイルとなっていた。

貸本屋は行商人のように各所に出入りして本のレンタルに応じたが、得意先に足しげく通うことで、おのずから読者の好みを知ることができた。それは出版に際しての「マーケティング」に直結し、企画に活かせた。人脈の構築、つまりは販路の確保にもプラスとなったはずである。

安永元年（一七七二）、重三郎は書店耕書堂《こうしょどう》を吉原大門口の五十間道で開店する。既に十代将軍家治の時代に入っており、この年、意次は老中に抜擢される。

翌二年より、重三郎は吉原入口への出店という立地環境を踏まえ、「吉原細見《さいけん》」の販売を開始する。版元としての活動を開始するのは翌年で、最初は小売業のみだった。

重三郎が販売した「吉原細見」は、吉原で遊びたい者ならば必ず目を通した情報誌である。春と秋の年二回刊行された。吉原の町ごとに、遊女屋、遊女の源氏名・位付け、遊女の揚代、芸者や茶屋の名前、さらには紋日《もんび》（吉原オリジナルのイベント日）、名物などが詳細に紹介された。「吉原細見」は遊客が知りたい情報が盛りだくさんのガイドブックとして広く読み継がれ、江戸の隠れたベストセラーとなっていた。

重三郎の出版活動は生まれ育った吉原をテーマとする本からはじまる。三年（一七七四）七月刊の遊女評判記『一目千本《ひとめせんぼん》』がデビュー出版だが、四年七月からは「吉原細見」の出版を開始する。わかりやすく見やすい内容で、しかも安価だったため、蔦屋版の「吉原細見」は大いに人気を呼んだ。

その結果、八年後の天明三年（一七八三）以降、「吉原細見」は蔦屋版の独占状態となる。年二回の定期刊行物として安定した売り上げが見込めた「吉原細見」を独占したことで、経営基盤は強化された。

同年には日本橋の通油町《とおりあぶらちょう》（現東京都中央区大伝馬町）に店舗を構えて新たな拠点とした。その際、地本問屋の株を手に入れる。地本問屋は草双紙《くさぞうし》（庶民向けの絵入りの娯楽読み物）、浄瑠璃本、絵本、錦絵（浮世絵）など大衆的な出版物を扱う問屋であり、専門書や学術書など内容が堅めな出版物を扱う書物問屋とともに江戸の出版界を牛耳る存在であった。

武士の世界に顕著だが、当時は世襲全盛の時代だった。しかし、出版という未知の業界に飛び込んでからわずか十年ほどで、地本問屋として出版界をリードする存在にまで成長したことは、まさに奇跡だった。

重三郎が世に出した作家の一人である曲亭馬琴は、その理由について次のように証言する。

「世才が人よりも優れていたため、当世の才子たちから愛顧された。出版した作品はすべて、その時代の人々の好みに合った。よって、十余年の間に出版界で台頭し、江戸で一、二を争う地本問屋となった」

（曲亭馬琴『近世物之本江戸作者部類』岩波文庫）

要するに、ビジネス力が抜きん出ていたのである。

世相を風刺した黄表紙の市場をリードする

重三郎が世に出した出版物は多岐にわたる。なかでも黄表紙《きびょうし》、洒落本《しゃれぼん》、狂歌本（絵本）、浮世絵は大きな反響を呼んだ。出版人としての名声を得る所以《ゆえん》ともなった。安永九年（一七八〇）より出版を開始した黄表紙からみていこう。

黄表紙は草双紙の一種で、時期により呼び名が異なる。四代家綱の延宝年間（一六七三～八一）以降は表紙の色から赤本と呼ばれた。九代家重の延享年間（一七四四～四八）に入ると、黒本あるいは青本と呼ばれた。その内容はどちらかというと子供向けだった。ところが、安永四年（一七七五）に従来の草双紙の範疇を超える作品が登場する。

この年、恋川春町《こいかわはるまち》作の黄表紙『金々先生栄花夢《きんきんせんせいえいがのゆめ》』が刊行された。当時の流行や世相を文章や絵で巧みに表現した作品であり、従来の草双紙に飽き足りなかった読者に刺さる内容となる。何よりも文章が諧謔《かいぎゃく》に富んでおり、読み手の知的好奇心をくすぐった。

『金々先生栄花夢』はウイットに富む大人向けの娯楽小説だったが、この路線が好評を博したため同じようなスタイルの小説が次々と出版される。その表紙が黄色であったことから、以後、草双紙は黄表紙と呼ばれるまでになる。

こうして、当時の世相や風俗、事件について流行語を交えながら写実的に描くとともに、滑稽さ、洒落、風刺、ナンセンスな笑いを盛り込んだ黄表紙が隆盛を迎える。世相つまり時事ネタをパロディー化し、シニカルな風刺により笑いをとる手法が江戸っ子に受けたことで、名立たる版元が黄表紙の出版に鎬《しのぎ》を削った。重三郎もその一人である。

黄表紙出版の先鞭を付けた『金々先生栄花夢』の作者恋川春町だが、これは実名ではない。駿河小島藩士の倉橋格《いたる》のペンネームだった。

春町とともに黄表紙界をリードした人気作家に朋誠堂喜三二《ほうせいどうきさんじ》がいる。その正体は秋田藩士の平沢常富《つねとみ》で、藩の外交官である江戸留守居役として吉原にも頻繁に出入りしていた。諸藩の江戸留守居役は情報交換と称し、吉原を会合の場に使うことが多かったからだ。

重三郎にとり、吉原に頻繁に出入りしていた喜三二にコンタクトをとって執筆を依頼することは難しくなかっただろう。黄表紙の出版を開始した安永九年に、重三郎は八作を世に出したが、そのうちの三作が喜三二の作品だった。人気作家の喜三二を擁し、満を持して黄表紙の市場に参入したのである。

新進気鋭の作家も発掘

喜三二に続けて、春町の黄表紙を出版するのは二年後の天明二年（一七八二）からだった。喜三二による仲立ちが推定されている。朋誠堂喜三二、恋川春町という二人の人気作家を擁して黄表紙の市場をリードした重三郎は、当時脚光を浴びていた新進気鋭の作家にも目を付ける。山東京伝《さんとうきょうでん》だ。

宝暦十一年（一七六一）、京伝は質屋岩瀬伝左衛門の長男として深川の木場で生まれた。浮世絵師北尾重政に入門したが、文才もあった京伝は安永七年（一七七八）より黄表紙も書きはじめる。

重三郎も京伝に黄表紙の執筆を依頼した。なかでも天明五年（一七八五）に出版した『江戸生艶気樺焼《えどうまれうわきのかばやき》』は人気を博す。屈指の傑作として、江戸の文学史にその名をとどめる作品となった。

金満家の仇気屋《あだきや》の一人息子艶次郎《えんじろう》は醜男であるにもかかわらず、自惚れが強かった。悪友にそそのかされ、色男となって浮名を流そうと金に任せて様々な計画を立てるが、ことごとく失敗した。最後は吉原の遊女を身請けして心中の真似ごとをしようとするも、盗賊に遭って身ぐるみはがされてしまうというストーリーである。

『江戸生艶気樺焼』のヒットを受けて、重三郎は京伝に洒落本の執筆も依頼する。洒落本は遊里で交わされる会話を骨子とした小説で、挿絵がメインの黄表紙とは違い、文章がメインだった。洒落本は遊里の手引書にもなっていた。

京伝は重三郎の期待に応え、話題作となる洒落本を蔦屋から次々と刊行する。天明七年（一七八七）には『通言総籬《つうげんそうまがき》』を出版した。

同作は吉原における最新の話題を紹介しながら、遊女屋の情景、風俗、言葉、遊びの世界を描いた作品であり、洒落本の代表作と評価されている。京伝は若い頃から吉原などの遊郭に出入りしており、その実体験を洒落本の執筆に活かせたことは大きかった。

こうして、京伝は洒落本界第一人者としての地位を確立する。それは重三郎によるプロデュースの賜物でもあった。

天明狂歌の時代到来

田沼時代にたいへん人気があった黄表紙や洒落本のジャンルに参入することで、江戸の出版界を牽引しはじめた重三郎は、折しもブームが訪れていた狂歌本の出版にも参入する。

狂歌とは和歌の形式を保ちながらも、通俗的な言葉により諧謔、滑稽、風刺の精神を盛り込んだ短歌（五・七・五・七・七）のことである。「世の中に　かほどうるさきものはなし　ぶんぶといふて　夜も寝られず」などは、寛政改革の文武奨励策を皮肉った狂歌としてよく知られているだろう。

その歴史は古く、鎌倉・室町時代より盛んだった。だが、座興の場で読み捨てられるのが不文律であり、作品はほとんど残っていない。江戸時代に入ると、泰平の世を背景に狂歌を楽しむ者が増えたこともあって大衆文芸となる。

狂名と呼ばれたペンネームで活躍した狂歌師の大半は教養豊かな江戸在住の下級武士や裕福な町人だが、天明期（一七八一～八九）に狂歌ブームは最高潮に達する。いわゆる天明狂歌の時代が到来した。

いかんなく発揮されたプロデュース力

狂歌はその場で読み捨てられることが暗黙の前提とされたが、天明期の大ブームに目を付けた版元は狂歌師たちが詠んだ狂歌を収録した本を争うように出版する。こうして、狂歌本の出版ラッシュが訪れるが、その中心にいたのが重三郎だった。

重三郎が頼りにした狂歌師は四方赤良《よものあから》である。その正体は御家人の大田南畝《なんぽ》で、重三郎より一歳年上だった。その文才は若い頃より注目され、黄表紙や洒落本の秀作を次々と刊行した。そして、狂歌にも進出する。天明狂歌の時代を牽引する一人となった。

蔦屋版狂歌本の多くに赤良こと南畝が関わった。天明七年に刊行した赤良撰の『狂歌才蔵集』などは、天明五大狂歌集のひとつとされる。

赤良のような売れっ子となると、狂歌本の出版が遅れることは避けられなかった。版元としては一工夫必要だったが、狂歌本の場合は狂歌が揃えば出版がみえてくる。他のジャンルとは違って、原稿が出来上がるのを辛抱強く待たなくてもよかった。

狂歌は、個人がその時々の感興に従って詠むべきものとされていた。だが、天明狂歌の時代に入ると、狂歌会などと称して狂歌師たちが集まり、自作の狂歌を披露し合うスタイルが生まれる。

こうしたイベントは世間から注目され、狂歌ブームを後押しする役割を果たしたが、狂歌本を出版したい版元はこれに目を付ける。狂歌師を集めて狂歌を詠む場をお膳立てし、詠まれた狂歌をそのまま書籍化してしまおうと目論んだ。まさに版元主導の出版だったが、そこでプロデュース力をいかんなく発揮して狂歌本の出版につなげた版元こそ、重三郎なのである。

天明五年（一七八五）十月、重三郎の主催で狂歌会が開かれた。百の化け物をテーマとして狂歌を詠む会であり、赤良はじめ名立たる狂歌師たちが集まった。山東京伝も参加している。重三郎の仕切りで開催された狂歌会で詠まれた狂歌は、早くも同年冬に出版された『狂歌百鬼夜狂』に収録された。

天明期も後半に入ると、空前の盛り上がりを示した狂歌ブームは鎮静化するも、重三郎は狂歌本に新たな手法を持ち込むことで、そのてこ入れを図った。絵も加えることで狂歌絵本というジャンルを編み出す。なかでも、同六年（一七八六）に出版した『吾妻曲《あずまぶり》狂歌文庫』は大ヒット作となる。

翌七年、二匹目のドジョウを狙った重三郎は狂歌絵本『古今《ここん》狂歌袋』を出版した。これもまたヒットする。その後も狂歌絵本を次々と出版し、重三郎は狂歌本の市場を完全にリードした。

重三郎なくして写楽も歌麿もなし

重三郎が出版を通して世に出した文化人は多い。作家では若き日の曲亭馬琴や十返《じっぺん》舎一九《しゃいっく》が重三郎の店で働いており、その後蔦屋から出版した。浮世絵師では喜多川歌麿、東洲斎《とうしゅうさい》写楽の二人が双璧であった。

写楽の作品は浮世絵に限られたが、歌麿は蔦屋の主力作品となった狂歌絵本や黄表紙の挿絵も数多く手がけた。重三郎の出版活動においてなくてはならない存在だった。

宝暦三年（一七五三）生まれとされる歌麿は少年の頃、浮世絵師の鳥山石燕《とりやませきえん》に入門し、狩野派の絵を学んだ。当初は北川豊章《とよあき》の画号で黄表紙の挿絵を数多く描いた。天明元年（一七八一）に重三郎が出版した黄表紙『身貌大通神略縁起《みなりだいつうじんりやくえんぎ》』から、歌麿の画号を使いはじめる。

重三郎は歌麿の才能を高く評価していた。挿絵を数多く描かせただけでなく、通油町に拠点を移して地本問屋の仲間入りを果たした天明三年頃には、自分のもとに寄寓させている。生活面の面倒もみたのだ。

蔦屋の出版物の絵師として画筆をふるわせる一方で、浮世絵も描かせている。美人画、役者絵、名所絵に大別される浮世絵のうち、歌麿の名を不朽なものにしたのは何といっても美人画だった。美人画は女性の美しさを強調して描いたものだが、重三郎は歌麿に美人画を描かせる際、ある工夫を施す。

歌舞伎役者をモデルとする役者絵で用いられた「大首絵《おおくびえ》」の手法を取り入れさせたのだ。大首絵とは人物の上半身を大きく描くとともに、その顔の表情を特に強調して描いた作品のことである。さらに、歌麿は性格や心情などの内面が滲み出るようにも描いたため、見る者の心に響く内容となっていた。

歌麿は重三郎との共同作業により、美人大首絵という新たな浮世絵のジャンルを編み出した。このスタイルが大きな反響を呼んだことで、美人画の第一人者へと躍り出る。

浮世絵でも重三郎はプロデュース力を発揮した。浮世絵師喜多川歌麿の名前を不朽のものとする。

このように、蔦屋重三郎は実にバラエティーに富んだ出版事業を展開することで、江戸文化を活性化させたのである。

天明の大飢饉による飢餓の広がりは、そのまま幕政への不満を爆発させ、意次の失脚の要因ともなった。多くの犠牲者を供養するために、各地で五百羅漢（五百体の羅漢像）が建立された（埼玉県　川越市　喜多院の五百羅漢）

写真：アフロ

第5章

田沼時代の終焉
——嫡男田沼意知の横死

1 異常気象の時代

東北・北関東を襲った天明の大飢饉

意次が幕政を主導した田沼時代の期間については諸説ある。幕府の陰の実力者たる御側御用取次に就任した宝暦元年をはじまりとする説もあれば、同列の老中を自派でほぼ固めた天明元年をはじまりとする説もある。終わりは老中辞職に追い込まれた同六年だった。

その期間を広くとると、前章でみたように宝暦〜天明期となる。将軍でいうと、九代家重の治世後半から十代家治の死去の年までの期間にあたる。

そんな田沼時代でも、意次の権力が最高潮に達した天明期（一七八一〜八九）は天変地異が相次いだ時代だった。併せて社会や政治も混迷を深めるなか、意次は幕府トップの座から転げ落ちて失脚する。田沼時代の終焉を迎えるのである。

近年は地球温暖化の危機が叫ばれて久しい。江戸時代は現代に比べると総じて気温が低く、歴史気候学の成果によると小氷期（江戸小氷期）に分類されている。いわゆる寒冷期にあたった。

そのため、冷害を原因とする凶作がきっかけで飢饉に陥ることは少なくなかった。歴史教科書では、江戸の三大飢饉として享保・天明・天保の大飢饉が取り上げられるのが定番である。風水害や地震、噴火などの天災が重なることで大飢饉となった。

となれば、米価をはじめとする諸物価が軒並み高騰するのは避けられない。これに目を付けた商人が米穀の買い占めにより利益をむさぼることで、事態がさらに悪化する場面も各所でみられた。

享保の大飢饉は同十七年（一七三二）の気候不順で作物が生育不良だったことに加え、畿内以西が大規模な虫害に見舞われたことが大きかった。イナゴ（あるいはウンカ）が稲を食い尽くしたのだ。幕府が把握した数字だけでも、餓死者は一万二千人余、死んだ牛馬も一万四千頭を超えた。二百万人近くが飢えに苦しんだ。

事態を危険視した吉宗は中部以東の諸藩に命じて西国に米を送らせるとともに、幕府自身も大量の救援米を送った。一連の対策が功を奏し、翌十八年に入ると飢饉による混乱は収束する。

ところが、この廻米の煽りを受けて今度は江戸が米不足となり、米価が高騰してしまう。市中が不穏な状況に陥るなか、本船町の米問屋高間伝兵衛《たかまでんべえ》が米を大量に買い占めているという噂が広まる。

正月二十五日（二十六日ともいう）夜、これに怒った窮民たちは伝兵衛の店を打ちこわした。家財道具も壊して川に投げ捨て、帳簿を破り捨てた。この事件は江戸で起きた最初の打ちこわしとされる。将軍のお膝元で起きた米騒動であり、幕府に強い衝撃を与えた。

その後は豊作も続いたことで、逆に米価は低落した。年貢米を換金して歳入に充てた幕府からすれば、米価の低落とはその減少に直結する容易ならぬ事態だった。幕府は市場に流通する米を大量に買い上げるなどして米価の引き上げに奔走するが、天明期に入ると事情が一変する。

天明二年（一七八二）より冷害による凶作が深刻化し、東北や関東を中心に大飢饉に見舞われたからだ。天明の大飢饉がはじまる。

天明期に入る前から冷害に苦しんでいた東北の被害は特に甚大だった。津軽藩だけで、死者は十万人に達したともいう。

『解体新書』の翻訳で知られる蘭方医の杉田玄白は著作『後見草』で、何もかも食べ尽くした果てに人の屍肉《しにく》をすすった飢民の話、犬の肉と偽り人肉が売られた話などを紹介している。東北諸藩は領外への移出を厳禁するなど米穀の確保に奔走するも、状況はなかなか好転しなかった。

杉田玄白がみた浅間山の大噴火

天明の大飢饉と呼ばれるほどの惨状を呈した要因として、天明三年（一七八三）四月から七月にかけての浅間山の噴火は外せないだろう。

浅間山は現在の群馬・長野両県（上野・信濃両国）にまたがる標高二千五百六十八メートルの活火山である。古来より噴火を繰り返したが、天明三年の大噴火は「天明の浅間焼け」と呼ばれている。

この年の噴火は四月九日にはじまった。六月下旬より噴火の頻度が増し、七月五日（あるいは六日）からは噴火と火砕流が繰り返された。その後、同七日夜から翌八日朝にかけて噴火の最盛期を迎える。成層圏まで上昇した噴煙は偏西風に流され、軽石や火山灰が関東一円にわたって降り注いだ。一方、山腹には火砕流や溶岩が流れ出し、現在観光地となっている鬼押出しが造られた。

火砕流に呑まれた山腹の鎌原村（現群馬県嬬恋村）などは、人口五百七十人のうち死者が四百七十七人。馬二百頭のうち百七十頭が死んだ。九十三軒の家屋はすべて倒壊。荒廃地は村の耕地の九五％以上にも及ぶという甚大な被害を被った。

さらに、成層圏まで達した火山灰が太陽の光を遮って気温の低下を引き起こしたことが、現在では冷害を拡大させた要因のひとつに挙げられている。浅間山の噴火は天明の大飢饉の背景のひとつでもあった。

浅間山噴火の被害は遠く江戸にも及んだ。当時江戸にいた杉田玄白はリアルタイムで経験しており、『後見草』でも以下のように証言する。

「七月六日夜半、西北の方向に雷のような音と振動を感じた。夜が明けても、空はほの暗かった。庭に細かい灰が降り、その灰は次第に大粒となった。八日は、早朝から激しい震動が江戸を襲った。人々は浅間山の噴火によるものとは思わず、日光か筑波山で噴火があったのではと噂した。やがて、関東各地から浅間山噴火の情報がもたらされた」

『後見草』は、明暦の大火に関する記録を入手した玄白が、宝暦十年から天明七年まで（一七六〇～八七）に起きた地震や大火、飢饉などの天変地異を書き留めた手記を増補し、一書にまとめたものだった。災害記録にとどまらず、当時つまりは田沼時代の世相がうかがえる貴重な証言も収録された著作である。

北関東と東北で起きた米騒動

浅間山噴火による降灰が集中的にみられたのは、その東側に位置する上野、特に西上野だった。偏西風の影響を受けたためである。その状況は「地に青草なし」と表現されるほどで、農作物は全滅した。地域の流通を支えた中山道をはじめ各街道の交通も途絶した。

天明の大飢饉の背景となった米不足は当該地域でより深刻だったが、流通が止まったことで、米価はさらに高騰する。とりわけ信濃からの米に依存する西上野の農民は飢えに苦しんだ。

そんな米価高騰に拍車をかけたのが商人による米の買い占めや売り惜しみであった。米価を釣り上げて暴利をむさぼろうと目論む商人に対し、追い詰められた農民たちの怒りが爆発するのは時間の問題だった。

九月二十日より、西上野の農民たちは一揆（上信《じょうしん》騒動と呼ばれる）を起こす。米価を釣り上げた商人たちの居宅を破壊し、あるいは焼き払った。米穀を買い占める商人たちに対して実力行使に出れば、買い占めに及び腰となって市場への放出が進み、その結果米価が下がることを期待したのである。

その後、農民たちは中山道を西に向かう。十月二日には、碓氷《うすい》峠を越えて信濃の佐久郡に入った。信濃の農民たちも加わり、米価を釣り上げた商人たちの居宅を破壊し続けた。一方、信濃の諸藩は防備を固める。同六日に上田藩が一揆勢を鎮圧することで、上野・信濃両国に及ぶ百姓一揆は終わった。

最終的に一揆を鎮圧できたとはいえ、幕府に与えた衝撃は大きかった。浅間山噴火の影響を最も受けた地域だったことを背景に、幕領や大名領の別にかかわらず広範囲にわたって商人たちの居宅を破壊したからだろう。幕府は江戸町奉行所の同心を現地に派遣し、一揆の頭取（主謀者）たちを厳しく吟味している。

翌十一月には上野・下野・武蔵・常陸《ひたち》・信濃の五カ国に向け、一揆の頭取そして重《おも》立《だ》った者たちの捕縛を町人や農民たちに命じる法令を発した。捕縛が難しければ、その名前・住所を最寄りの代官所に届け出ることも命じた。いかに、幕府が一揆の広がりに衝撃を受けたかがわかる。

一揆の原因となった米価の高騰は何も上野・信濃二カ国だけの話ではなかった。同じく天明の大飢饉に苦しむ東北や関東、そして江戸も例外ではない。既に東北では、同年七月に弘前藩、八月に盛岡藩と白河藩、九月には仙台藩で、米価高騰に苦しむ窮民たちが商人たちの居宅を打ちこわす事件が勃発していた。

米騒動の波が江戸にも及ぶのは時間の問題だった。他国米に依存する江戸は凶作や飢饉の影響を受けやすく、意次をトップとする幕府は早急な対応に迫られる。

江戸市中の米価高騰と江戸近郊の米騒動

浅間山噴火により、江戸市中にも火山灰が降り注いだ天明三年七月、幕府は江戸の町に向けて米価や物価の引き下げを命じる。天明の大飢饉を背景として江戸でも米価が徐々に高騰していたところに、浅間山が噴火したため、米価高騰に拍車がかかったことを受けての対応だった。だが、一片の法令だけで事態が好転するはずもなく、様々な手を打つことになる。

十二月十七日には、城詰米《しろづめまい》の江戸への廻送を該当の諸藩に命じる。城詰米とは全国の幕府直轄諸城のほか、主に譜代大名の居城に備蓄された米のことで、幕府財政の補塡及び江戸の町人たちへの御救米《おすくいまい》などに運用されていた。今回の城詰米の廻送は江戸の米価高騰を受けたもので、御救米としての使途が想定された。

江戸廻送の対象となった城詰米は、六十七藩二十四万三千八百六十三石のうち三十七藩十一万三千八百六十四石余にも達した。その内訳をみると、近畿・中国・九州諸藩の城詰米の約半分が江戸に送られた。東北・関東の諸藩も城詰米を備蓄していたが、米価高騰の状況を踏まえ、今回の対象からはほぼ外されている。

年が明けて翌四年（一七八四）正月六日、江戸町奉行所は米問屋の米蔵を見分している。その後も米蔵の見分は繰り返された。米を隠匿せず市中に売り出すよう、暗に督促したのだ。同二十三日には米問屋や仲買たちを奉行所に呼び出し、米穀の販売を直接督促している。米の買い占めや売り惜しみにより米価を釣り上げ、暴利をむさぼろうとする行為を牽制したのである。

幕府はあの手この手を使って米価高騰の状況を打開しようと図った。だが、効果はなかなか表れず、米が買えない町人たちの不満は溜まる一方となる。

江戸近郊の町や村でも米価は高騰を続けた。地元の商人が米の買い占めや売り惜しみに走ったからである。そのため、飢えに苦しむ農民たちの怒りは沸点に達する。

二月二十八日、大勢の農民たちが武蔵国多摩郡箱根ヶ崎村（現東京都西多摩郡瑞穂町）に集まる。その後、一揆勢は同郡中藤村（現東京都武蔵村山市）などで買い占めや売り惜しみに走った商人たちの居宅を打ちこわした。

北関東のみならず、江戸近郊でも一揆が起きたことを重くみた幕府は、町奉行所の同心を再び現地に派遣する。頭取たちなどを捕縛することで一揆は鎮圧できたものの、幕府の危機感はいっそう高まる。

このように、天明四年に入ると米騒動の波は江戸近郊にまで及んだ。依然として米価の高騰は収まらず、江戸市中には不穏な空気が流れる（安藤優一郎『寛政改革の都市政策』校倉書房）。

そうしたなか、意次に大きな衝撃を与える事件が起きるのであった。

2　若年寄田沼意知刺殺事件の衝撃

姻戚関係により幕府を牛耳った意次

大飢饉を背景とした米騒動が頻発した天明期は、老中田沼意次の権勢が極まった時期でもある。田沼政権は最盛期を迎えた。改めて当時の幕閣の陣容をみてみよう。

天明元年（一七八一）九月に老中松平輝高が死去すると、先任の老中は松平康福だけとなる。意次は嫡男意知の妻に康福の娘を迎えることで、自派に取り込んでいた。

意次の後に老中に抜擢されたのは久世広明、鳥居忠意《ただおき》、牧野貞長、水野忠友の四人だが、西丸老中の忠意を除いた三人とは姻戚関係があり、幕閣を自派で牛耳った格好だった。意次の三女が嫁いだ西尾忠移の娘二人のうち一人は広明の孫に嫁ぎ、もう一人は貞長の子を婿に迎えていた。意次の四男は忠友の養子に迎えられ、忠徳《ただのり》と名乗った。

意次は姻戚関係にあった老中のなかでも、四男を養子入りさせた忠友に信頼を寄せた。御側御用取次や側用人を歴任した後、奥勤めを兼ねた老中格そして老中に昇格した点は、意次とまったく同じである。意次に引き立てられたことは明らかで、忠友もその信頼に応えて田沼政権を支えた。

老中次席である若年寄の一人は四女を嫁がせた与板藩主井伊直朗だが、意次は与板藩の本家にあたる彦根藩井伊家も自派に取り込む。天明四年（一七八四）十一月、彦根藩主井伊直幸《なおひで》が将軍代行職の大老に起用された。譜代筆頭の井伊家を大老の座に就けることで田沼政権の強化を狙った人事に他ならない。彦根藩からすると、分家の与板藩主が意次の娘婿であった縁で大老職に就けたわけである。

意次は御側御用取次を勤める安房館山藩主稲葉正明とも姻戚関係があった。弟意誠の孫娘が正明の跡を継いだ正武に嫁いでいる。意次自身も将軍の側近だが、御側御用取次と姻戚関係を取り結ぶことで、幕閣に加えて将軍側近も田沼派で固めた。

さらに、次期将軍家斉の御側御用取次は甥の意致が勤めた。将軍の代替りに備えた人事も抜かりなく行っていた。

奉行クラスでは、勘定奉行の松本秀持が意次側室の仮親で奥医師を勤める千賀氏の子を養子に迎えている。北町奉行の曲淵景漸《まがりぶちかげつぐ》は意次の用人井上寛司の娘を息子の妻に迎え、南町奉行の牧野成賢《しげかた》は弟の妻が水野忠友の妹だった。成賢は忠友を通して、意次と姻戚関係にあったことになる。

嫡男田沼意知の若年寄抜擢

このように、意次は縁組みを通じて幕府の要職にあった大名や旗本との間に姻戚関係を築き、権力基盤の強化を目指した。一連の縁組みには、異数の立身出世を妬む譜代大名や幕臣たちの反感を封じ込めたい狙いも秘められていたことは先に述べた。

幕府内に田沼派の人脈をつくり上げた意次だが、どうしても実現したいことがあった。一代にして大名そして老中にまで成り上がった立場からすると、嫡男意知にその身代と権力を継承させることは悲願だったはずだ。

一言でいえば、世襲である。そのため、自身が権力の座を去った後も見据えて、意知の地位を引き上げる。

寛延二年（一七四九）、意知は意次の長男として生まれた。明和元年（一七六四）に将軍家治に拝謁したことで、田沼家の嫡男と認められる。十六歳の時である。

三年後の同四年には、早くも従五位下大和守に叙任される。父意次が従五位下主殿頭に叙任されたのは十九歳の時だが、その時は家督を継いでいた。だが、意知は部屋住みの身分にすぎず、異例な人事といえよう。この年、意次は側用人に登用され、五千石加増されて二万石の大名となっている。

天明元年（一七八一）十二月には奏者番に起用される。この年は、先任の老中松平輝高が死去したことで、意次が幕閣を自派で牛耳った年という評価もあり、意知の奏者番起用とはその権勢を象徴するような人事であった。奏者番は譜代大名のうち若手の優秀な者が選任されるのが習いで、大名や旗本が将軍に拝謁する際の取次役、及び進物の披露役を務めることが主な職務だったことも先に述べた。

幕政に関与することが認められていた譜代大名は老中や若年寄となって天下の政治を動かすことを目指したが、その昇進コースは決まっていた。まずは奏者番を勤めあげ、その後、寺社奉行、若年寄、大坂城代、京都所司代などを経て老中に昇格するのが不文律であった。

しかし側用人が将軍の信任をバックに政治力を持つようになると、側用人を経て老中に登用される事例も出てくる。意次などはその先駆者だった。

いずれにせよ、奏者番を勤めあげた後、いずれかの役職を経て老中となるのが通例である。天保改革を主導した水野忠邦などは寺社奉行、大坂城代、京都所司代を経て老中となっている。将軍としては取次・披露役を務めさせることで、その能力を直接見定めることができた。言い換えると、そこで篩《ふるい》にかけられる。

奏者番就任により、意知は老中への階段をのぼりはじめる。それから二年後の三年（一七八三）十一月には、老中とともに幕閣を構成する若年寄に早くも抜擢される。大まかにいうと、老中は三万石以上の譜代大名、若年寄は三万石未満の譜代大名が任命された。老中は朝廷や大名に関する事柄、若年寄は旗本・御家人に関する事柄を担当した。

この時も、意知はまだ部屋住みの身分であり、家督を継いでいない者が若年寄として幕閣の一角を占めることは極めて稀だった。さらに、意知は父意次と同様に奥勤め、つまり将軍が日常生活を送る中奥に入ることが特別に許され、側用人を事実上兼任する立場となる。将軍の信任を背景に、親子揃って権勢をふるう背景となった。

意次に続き、意知も異数の立身出世を遂げた。ただ、これでは譜代大名や幕臣からの妬みは避けられない。意知は能力があって将軍家治の覚えも目出度《めでた》かったのだろうが、親の七光りと陰口を叩かれたことは容易に想像できる。意次あっての幕閣入りだったのは一目瞭然だった。

若年寄への昇任により、意知が老中に昇格する道まで敷かれた。田沼政権は親子二代にわたって続くこともみえてきた。意次はまさに絶頂の時を迎える。意次は六十五歳、意知は三十五歳になっていた。

だが、田沼政権が親子二代にわたって続くことはなかったのである。

意知、城内の刃傷事件にて死す

老中への階段を駆けあがっていた意知にとり、天明四年（一七八四）三月二十四日は運命の日となる。

この日の朝、いつもどおり老中や若年寄たち幕閣の面々は登城し、城内の御用部屋に入った。御用部屋は老中や若年寄が政務を執る部屋のことで、上之間に老中、下之間には若年寄が詰めた。通例、午前十時から午後二時頃までが政務の時間に充てられていたが、この日は早く終わる。

意次たち老中が退出した後、意知たち若年寄が退出したが、時刻は午後一時近くであったという。意知が同役の掛川藩主太田資愛《すけよし》、出羽松山藩主酒井忠休《ただよし》と連れ立って新番の詰所前を通りかかったところ、事件は起きた。

新番とは将軍の直属軍である五番方（大番・書院番・小姓組番・新番・小十人組）のひとつで、一組あたり番頭一人、組頭一人、番士二十人で構成された。城内では将軍の身辺警護役を勤めた。

詰所にいた新番の番士五人のうち、旗本の佐野善左衛門《ぜんざえもん》（禄高五百石）が意知に突然斬りかかってきた。意知は脇差を抜かずに鞘で受け止めたが防ぎ切れず、手傷を負う。応戦するため刀を抜いてしまうと喧嘩と解釈され、喧嘩両成敗の対象として処罰は免れなかった。よって、脇差を抜けなかった。

善左衛門は桔梗《ききょう》の間に逃げた意知を追いかけて深手を負わせる。これが致命傷となったようだ。その後、ようやく大目付の松平忠郷《ただざと》が佐野を組み伏せ、目付の柳生久通《ひさみち》が刀を取り上げた。取り押さえられた善左衛門は城外に出され、小伝馬町の牢屋敷に入れられた。

意知は城内に詰めていた外科医師による手当てを受けた後、城から出て意次の屋敷に運ばれる。意次の屋敷は江戸城近くの神田橋にあった。

深手を負った意知だが、手当ての甲斐もなく、二日後の二十六日にこの世を去る。享年三十六だった。

この刃傷《にんじょう》事件は、江戸城大手門近くの辰の口に置かれた評定所で吟味された。大目付と目付による取り調べの結果、善左衛門の乱心による刃傷と認定される。乱心者と認定された場合、改易は逃れられなかったものの、情緒不安定に陥ったことが考慮されて死罪までは至らないのが当時の慣例だった。

だが、今回の刃傷は意知が落命しており、切腹の裁断が下る。四月三日、善左衛門は小伝馬町の牢屋敷で切腹して果てた。享年二十八であった。

幕府の公式見解は善左衛門の乱心による刃傷だが、その真相はどうだったのか。

善左衛門が意知に遺恨を抱いていたという説がある。意次の用人に大金を送って猟官運動をしたものの、その望みが叶わなかったこと、意知が佐野家の系図を返さなかったことなどの遺恨が刃傷の理由だという。意次・意知父子が権勢をふるっていたことを善左衛門が憤り、いわば正義感から刃傷に及んだという説もある。

真相はわからずじまいとなるも、意次に与えたダメージが計り知れないものであったのはいうまでもない。さらに、傷心の意次に追い打ちをかけるように、加害者の善左衛門がヒーローのように祀《まつ》り上げられる現象が起きはじめる。世間の同情は被害者で不慮の死を遂げた意知には集まらなかった。

意次への反発が噴出する

切腹した善左衛門の遺骸は浅草の徳本寺に葬られたが、墓所には参詣者が押し寄せた。徳本寺本堂の賽銭箱には十四～十五貫文（一貫文＝銭貨一〇〇〇枚）もの銭が日々入れられたというから、いかに参詣者が多かったかがわかる。

その人出に目を付け、門前には善左衛門の墓に供える花や線香を売る露店が出た。墓にかける水を売る者まで現れた。墓に手向《たむ》けられた花は所狭しと林立し、線香の煙がもうもうと上がっていたと伝えられる。

世間の同情が善左衛門に集まる一方で、意知に対して世間は冷淡だった。というよりも、反感に満ちていた。町人たちが意知の葬列に投石し、悪口を浴びせたという。親の七光りと陰口を叩かれて反感を持たれていたことが白日のもとに晒された格好だ。それは父意次に向けられたものでもあった。

刃傷をきっかけに意次に対する世間の反感、つまりは田沼政権への不満が噴出する。

折しも、江戸の米価は高騰していた。約一カ月前、江戸近郊の多摩郡では米価を釣り上げた商人の家宅が壊される事件が起き、江戸市中にも不穏な空気が流れていた。

危機感を強めた幕府は米価の引き下げを図るも、効果はなかなか表れなかった。

ところが、善左衛門切腹の翌日から米価が下がりはじめたことで、世間では善左衛門のお蔭とみなす空気が広まる。米価高騰に苦しむ人々を救おうという神様に違いないとして、神格化された。

こうして、善左衛門は世直し大明神として祀り上げられる。その話が江戸市中に広まり、人々は御利益を求めて墓所に押し寄せた。米価高騰を克服できない田沼政権への不満が視覚化されたのである（藤田覚『田沼意次』）。

米価が下がりはじめたのは、幕府による米価引き下げ策の効果がようやく表れはじめたからだとみることもできるだろう。刃傷と米価の動向は関係なく、偶然の一致に過ぎなかった。

だが、跡継ぎを突然失った意次にとり、善左衛門の刃傷と結び付けられたのは心外なことであった。なお、意知の死を受けて、田沼家は意知の長男意明《おきあき》が継ぐことになるが、この時、まだ十二歳であった。

3　政治不信の高まりと老中辞職

噴出する意次への反感と不信

幕閣を牛耳るだけでなく、嫡男意知を若年寄として幕閣のメンバーに加えるなど、まさに絶頂期にあった意次だが、意知を失ったことで前途に暗雲が立ち込める。田沼政権が親子二代にわたって続くという夢が潰《つい》えただけではない。意知の死をきっかけに噴出した意次への不満は、田沼時代の終焉がそう遠くないことを暗示していた。

幕府が採用した民間からの献策には、不利益を被る人々の反発を買って撤回に追い込まれるものが少なくなかった。それは意次への反感につながっていた。献策が採用された裏では賄賂が動いていたため、さらなる政治不信も買った。

意次が成り上がり者だったこともマイナスに作用する。将軍の厚い信任のもと、一代にして幕府のトップに上りつめたことへの妬みが反感を増幅させたのである。

そもそも、意知の不慮の死については何か裏があるのではという疑念も囁かれていたようだ。意次への反感が権力を世襲させようとしていた意知に向けられ、不慮の死につながったという見立てである。その信憑性は定かではないが、意知に幕府のトップの座を継承させたい意次に反感を持つ者が少なくなかったのは間違いない。

さらに、天明の大飢饉を背景とした米価の高騰を抑え込めないことへの不満も加わり、政治不信はいっそう膨れ上がる。意次への反感は高まる一方だった。

ところが、前述のとおり対応に苦慮していた米価の高騰は佐野善左衛門の切腹を境に、皮肉にも下がりはじめる。その後も、幕府は米穀の販売を督促し、そして町人には御救米を支給した。

関東を襲った大水害

一連の対策が功を奏したのか、ようやく米価の高騰は収まる。江戸市中に充満していた不穏な空気は鎮静化し、米騒動が起きる事態はかろうじて防ぐことができた。なお意次は、翌五年（一七八五）には一万石が加増され、五万七千石の身上となっている。

しかし、米価の高騰はこれで終わったのではなかった。六年（一七八六）に入ると、再び高騰しはじめる。そのきっかけは、七月に関東を襲った大雨だった。

七月十二日夜から降り続いた雨は大雨となった。十八日朝まで降り続き、関東各地の河川は氾濫する。大洪水に見舞われたため、幕府は水害罹災者への炊き出しを行うなど救済に努めた。今回の洪水をきっかけに、江戸でも米価をはじめ物価も上昇したため、その引き下げも命じた。

関東を襲った水害は農作物にも甚大な被害を与えていた。翌年まで続く米価高騰の呼び水となるが、田沼政権による新規事業の目玉だった印旛沼干拓計画にとっては致命的な水害であった。

第3章で述べたように、印旛沼の干拓工事では堤を築くことで利根川の水を遮断する手法が取られた。工事は順調に進んでいたが、今回の洪水で利根川が氾濫したことで、堤が破壊されて印旛沼が水浸しとなったため、莫大な資金が投入された干拓計画は振り出しに戻ってしまう。

資金捻出の目途も付かなかったのだろう。幕府が工事を再開することはなかった。八月二十四日に至って、幕府は干拓工事の中止を発表する。だが、この頃意次の命運は尽きようとしていた。

全国御用金令

関東を襲った洪水のため印旛沼干拓計画が中止に追い込まれたことは、田沼政権にとり大きな打撃であった。だが、洪水の半月ほど前に打ち出した政策の撤回はその比ではなかった。各方面から猛バッシングを受けた結果、田沼政権瓦解の引き金を引くほどの問題に発展し、弱り目に祟り目の状況に意次は追い込まれる。

宝暦十一年（一七六一）、幕府は大坂の豪商に御用金の出金を命じた。低落していた米価を引き上げるための資金に充てようとしたのである。御用金は献金とは異なり、利息付きで返済されるのが建前だった。このことは先に述べた。

この時の御用金令を嚆矢《こうし》として、幕府は大坂の豪商にとどまらず、直轄地である堺・兵庫・西宮の豪商、及び周辺農村の豪農にも御用金を命じていく。政策を遂行するための資金として活用したが、天明六年六月二十九日に、幕府は全国の町人、農民、あるいは寺社・山伏に対して御用金を差し出すよう命じた。意次の命取りとなった全国御用金令の内容は以下のとおりである。

「天明六年から五年間にわたって、町人は所持する町屋敷の間口一間につき銀三匁、農民は所持地百石につき銀二十五匁を出金せよ。全国の町人や農民、寺社などから集めた御用金は諸大名への貸付の資金に充てる」

この政策は幕府内から提起されたものではなく、桑名藩士の原惣兵衛が意次の用人三浦庄司を通じて献策したものという。惣兵衛が公務で大坂に滞在していた時、豪商から資金を出させて大坂の東照宮を立派に修復したことがあった。その経験を踏まえ、全国を対象に御用金を集めて諸大名への融資に充てる構想を提案し、意次によって採用された。

窮地に立たされる意次

既に幕府は公金貸付という金融業に乗り出し、諸大名、旗本、豪農、豪商を対象とした貸付で得た利息を新たな財源としていた。公金貸付の場合、融資の資金は幕府の公金だった。

今回は全国から広く集めた御用金も加えたうえで、貸付会所という現在の銀行のような機関を大坂に設置し、諸大名に年利七％で融資する計画であった。

七％は当時の相場としては低利であるため、融資を望む大名は多いと幕府は考えただろう。その分、幕府の懐に入る利息は多くなる。

御用金であるから、出資者には若干の利子を付けて償還する予定だった。しかし、強制的な出金であった以上、出資者からすると事実上の増税に他ならない。

幕府としては自分の懐を痛めることなく、政策遂行に必要な資金を集められるメリットがあった。大坂の豪商に御用金の上納を命じて米穀の買い付け資金を確保した手法が援用されたわけだが、その対象を全国の町人や農民にまで広げたことが意次の命取りとなる。

この政策が布告されると、新たな税負担が課されたと受け取られたことで、御用金への反発が全国的に広がる。諸大名からすると、幕府が領民から御用金を徴収することは領主権の侵害であった。到底看過できることではない。

諸大名の抵抗に直面した幕府は政策の失敗を認めざるを得なくなる。八月二十四日、御用金の出金を中止すると布告する。

政策の撤回に追い込まれたことは過去にも何度かあったものの、今回の失策が田沼政権に与えたダメージは大きかった。それほどの反発を買った政策なのであり、結果的に田沼政権瓦解の引き金を引く。

こうして、意次の政治責任を問う声が幕府内から出てくる。幕政を主導する意次への不満がまたしても噴き出た格好だ。意次は窮地に立たされるが、家治から厚く信任されている限り、その地位は安泰のはずだった。
だが、意次にとり頼みの綱の家治が病に倒れてしまう。

家治重篤の責任を追及される

意次より十八歳年下の家治は、天明六年八月に入ると俄かに重い病気にかかる。家治あっての意次にとり、まさに一大事であった。

将軍の治療にあたるのは奥医師に限られた。当時、家治の治療を担当したのは奥医師の河野仙寿院《こうのせんじゅいん》だが、快方の兆しが一向にみえず、意次の焦慮は深まる。

将軍が日常生活を送るのは中奥、そして大奥である。中奥を取り仕切るのは側用人あるいは御側御用取次で、この時は御側御用取次のみ置かれた。当時は稲葉正明、横田準松《のりとし》、本郷泰行の三人が御側御用取次を勤めた。意次はその筆頭格の正明と姻戚関係にあった。

意次は他の老中とは違って奥兼帯の老中として中奥に入れたものの、正明を自派に取り込むことで、将軍への影響力をさらに強めていた。中奥での生活を御側御用取次とともに管理する立場でもあり、治療にあたる奥医師の交代を主導する。

八月十五日より、仙寿院に代わって奥医師の大八木伝庵《でんあん》をして家治の治療にあたらせた。翌十六日には意次の推薦により、町医師の日向陶庵《ひゅうがとうあん》と若林敬順《けいじゅん》が御目見得医師に採用され、十九日に奥医師へ昇格する。いきなり、町医師から奥医師には登用できなかったため、ワンクッション置いたうえで奥医師として家治の治療にあたらせたのである。

ところが、陶庵と敬順が調合した薬を服用した家治の病状が急激に悪化してしまう。翌二十日、その責任を問われた両名は退けられ、伝庵が再び治療にあたったが、病状は好転しなかった。

二十五日、家治はその生涯を終える。享年五十であった。その死は伏せられ、後に九月八日が没日と公表された。

診断・投薬ミスだったのかはわからない。だが、意次の推薦で治療にあたった医師の投薬により病状が急変したことで、中奥で勤務する小姓や小納戸など将軍の側近く仕える者たちの間で意次への批判が沸き起こる。意次が医師を介して家治に毒を盛ったのではという噂まで飛び交った。それほど家治の容態は急激に悪化したため、不審に思ったのだ。

そして、将軍の家族ともいうべき大奥にまで不信感を持たれたのは、意次にとって実に痛かった。将軍の生活と一体化していた大奥は隠然とした政治力を持ち、大奥を取り仕切る御年寄は老中もその威を恐れる存在であった。御側御用取次時代から大奥を味方に付けて権力基盤を強化していたが、自分の対応が家治の容態を急変させたことで大奥の心証を悪くし、その支持を失う。

当時、全国御用金令の撤回を契機に政治責任を問う声が噴出し、意次は窮地に陥っていた。そうした折に、権力の源泉である家治が重篤となり、それも自身が推薦した医師の投薬が原因とみなされたことで、大奥や中奥の者たちから激しい突き上げを受ける。その結果、進退問題へと発展していく。政治的立場が弱くなったことで、成り上がり者であることへの反感も一気に噴き出たのだろう。

老中辞職に追い込まれる

家治の病状が急変して意次の立場がさらに悪くなると、登城を遠慮するよう求める圧力が周囲からかかりはじめる。家治の機嫌が急に悪くなり、その不興を買っているというのである。

当の意次に思い当たる節はなかった。まったく身に覚えがなかったが、推薦した医師の投薬のため家治が重篤に陥ったことに対する大奥や中奥からの批判はわかっていたはずである。

そうした批判を封じるため、意次は周囲の勧めに従い、八月二十二日より病気と称して登城を遠慮することにした。全国御用金令の撤回により政治的立場が弱くなっていたことも、周囲の勧告をむげに退けられなかった理由だったのだろう。

家治の病状が快方に向かい、後日お目通りが叶えば、意次は不興を買ったことについて弁明するつもりであった。そうすれば家治の誤解は解けると考えていた。

ところが、追い打ちをかけるように、今度は老中辞職を申し出るよう圧力がかかる。あくまでも辞職勧告は拒否し続けた意次だが、結局はその圧力に抗し切れない。病気を理由に辞職を申し出る。

二十七日、意次の名代として奏者番の横須賀藩主西尾忠移《ただゆき》と旗本松平信志《のぶゆき》が江戸城に呼び出され、老中水野忠友より辞職願を認めるとして御役御免が申し渡された。忠移は意次三女の夫で、信志は忠友の弟である。だが、家治は二日前に死去しており、この世にはもういなかった。

意次が家治に弁明する機会は永久に断たれる。

家治の生前に辞職が認められていたのかはわからない。そもそも、何度となく辞職を勧告したのは誰だったのか。意次は老中である以上、勧告できるのは同ランクの老中、ないし大老だけだ。いずれにせよ田沼派であるから、意次の立場からすると裏切りと感じたに違いない。

家治の不興を買っているとして意次に辞職を勧告した以上、その意思を知り得る立場にあった人物ということになる。中奥に出入りして家治に接触できる人物といえば、意次と同じく奥勤めを兼ねた老中の水野忠友しかいない。要するに推薦した医師の投薬が原因で家治が重篤となったことで、意次が大奥や中奥の者たちから突き上げを受けたことを知り得る立場にあった。忠友は現在の財務大臣にあたる勝手掛《がかり》老中でもあり、幕閣では意次に次ぐ実力ナンバーツーの存在だった。

忠友は老中にまで抜擢してくれた意次の立場が危うくなったのをみて、深い関係にあった自分の立場も危うくなると考え、辞職を勧告したのだろう。連座を恐れたわけだが、意次にとっては飼い犬に手を嚙まれたも同然だった。

意次の辞職が許可された同じ八月二十七日に、御側御用取次の稲葉正明が罷免される。前年に加増されていた三千石が没収され、謹慎を命じられた。意次のように辞職を勧告されたものの、それに従わなかったため、罷免のうえ、三千石没収と謹慎の処分を受けたのかもしれない。家治が重篤に陥ったことで、意次と同じく大奥や中奥の者たちから突き上げを受けて進退問題へと発展したのだろう。

意次が辞職勧告を受けたのは家治の病状悪化もあったが、全国御用金令の撤回に象徴されるように、幕政を混乱させたことへの政治責任も見逃せない。田沼政権という枠組みでは忠友たち老中も連帯責任を問われるのは必至だった。よって、意次一人に責めを負わせることで、その責任から逃れようとしたのではないか。

家治が健在ならば、老中たちも意次に辞職を迫ることはできなかった。だが、最大の後ろ盾である家治が病に倒れたことを好機として意次に詰め腹を切らせ、自分たちに累《るい》が及ばないよう目論んだのである。

4　意次失脚

田沼派老中たちの手のひら返し

意次が去った後の幕閣の布陣は、大老井伊直幸、老中松平康福、牧野貞長、水野忠友の面々であった。いずれも意次とは何らかの姻戚関係があり、田沼派に分類される要人だった。

ところが、意次が辞職すると、あからさまな手のひら返しがはじまる。

意次辞職の道筋をつけたと思われる水野忠友は、それから十日も経たない九月五日に、忠徳と名乗らせていた意次四男意正との養子縁組を解消することが幕府から許可される。意正は水野家から離縁され、実家田沼家に返された。

同七日、娘を嫡男意知に嫁がせた康福が、意次との交際を以後断つと幕府に届け出る。意知に嫁いだ娘は既に死去していたが、その墓も改め直し、意次との縁切りをはっきりと示した。十二日には、意次の側室の仮親となった縁で奥医師に引き立てられた千賀氏が意次と義絶した旨を届け出ている。

意次の三女が嫁いだ奏者番の西尾忠移、四女が嫁いだ若年寄の井伊直朗も、妻とは死別していたものの、離縁の処置をとった。

このように、意次の辞職を受けて田沼家との縁を切った大名・旗本は五十家以上にも及んだという。それだけの数の大名・旗本家が意次やその家臣との姻戚関係により立身出世を期待したのである。

一連の縁切りとは、姻戚関係を続けては逆に自分の立場が危うくなるという政治的思惑によるものだった。立身出世を期待して意次に摺り寄っていた者たちが、老中辞職を機に潮が引くように去っていった。

ただし、この段階では病気を理由に老中を辞職しただけであり、何らかの落ち度を理由に辞職したのではない。今でいえば依願退職が認められたようなもので、稲葉正明のように罷免つまり懲戒免職ではなかった。謹慎のような処罰は何も受けておらず、五万七千石の石高もそのままだった。

だが、それだけでは幕政を混乱させた政治責任をとらせたことにはならないという外部からの意見に押され、幕閣は意次を処罰せざるを得なくなる。

意次の処罰を幕閣に求めた徳川御三家

家治の死を受け、西丸御殿にいた世子の家斉が十一代将軍の座に就く政治日程が組まれる。この時、家斉はまだ十四歳であった。

そのため、家治の遺言として徳川一門の御三家と御三卿に後事が託されていた。将軍継嗣を出す資格のある御三家と御三卿は幕政に関与しないのが原則だが、家斉が若年という理由で異例にも幕政に参与することになった。政治顧問の地位に就いたのである。

九月六日、大老の井伊直幸は尾張藩主徳川宗睦《むねちか》・紀州藩主徳川治貞《はるさだ》・水戸藩主徳川治保《はるもり》の御三家に、翌七日には家斉実父で一橋家当主の治済《はるさだ》と清水家当主の重好に、家治の遺言を伝えた。当時、御三卿のうち田安家は当主不在の状態であったことで、一橋家と清水家が幕政参与を命じられたものの、重好は病弱であったためか、御三卿では一橋家のみが幕政に参与している。

意次を欠いた幕閣としては、徳川一門を幕政に参与させることで難局を乗り切りたい思惑があった。一方、幕政への発言権を得た御三家と治済はかねて意次の政治に強い不満を抱いていた。これを好機として、その処罰を申し入れる。

十月五日、御三家は江戸城に登城した際に、家斉の教育方法に関して幕閣に提案するところがあったが、同二十三日には意次の処罰などを求める書付を渡している。意次が下々《しもじも》の難義を厭わず、我意に任せて悪巧みをしたことを問題視し、天下のために厳罰に処すべきと申し入れた。老中の辞職だけでは足りず、幕政を混乱させたことへの政治責任をしっかりととらせるよう求めたのである。

具体的には、諸大名が激しく抵抗した全国御用金令に象徴される失政が念頭に置かれていたが、意次が賄賂を受納し、また御手盛りの人事をしているとの噂があることも厳罰の理由として挙げる。開幕以来、幕府を支える御三家が、成り上がり者の意次に良い感情を持ち得なかったことは想像するにたやすい。従来の慣例にとらわれない政治スタンスをとるあまり、先例を軽視するきらいがあった意次の施政にも、大いに不満を持っていただろう。

幕閣としては、政治顧問たる御三家の意見は尊重する必要があった。その申し入れを受け、意次を処罰せざるを得なくなる。

翌閏十月五日、老中牧野貞長の屋敷に意次の名代を呼び出し、天明元年と五年の二度にわたって加増された分の二万石を没収し、謹慎を命じた。神田橋の上屋敷と大坂の蔵屋敷も没収した。これにより、意次は三万七千石に減封され、名実ともに失脚する。

田沼派役人の粛清

意次が処罰された閏十月五日、田沼派役人の代表格であった勘定奉行の松本秀持が罷免される。五百石の身上だったが、二百五十石を没収された。

意次の意を受け、新たな財源作りや新規事業の推進役となっていた勘定所のトップたる秀持が処罰されたことは、一連の意次の政策に問題があったと幕府自身が認めたことを意味した。責任の所在を明らかにした処罰なのであり、以後田沼派役人の処罰が続く。

秀持の配下として手腕を発揮した勘定組頭の土山宗次郎は富士見御宝蔵番頭に左遷

されるが、それだけでは終わらなかった。吉原で豪遊するなど、羽振りが良かった宗次郎は、そうした行状が目を付けられ、公金横領の嫌疑がかけられる。

天明六年二月に幕府は越後米を、七月には仙台米も買い付けたが、その代金のうち五百両を着服して居宅の普請や生活費に使ったのではという疑いだった。吟味の結果、嫌疑は事実であったとして、宗次郎は斬首に処せられる。

さて、意次は閏十月に失脚したものの、次の将軍は自分が選定に深く関わった家斉であった。この頃には、甥の田沼意致が御側御用取次のメンバーに加わっていた。

天明六年も押し詰まった十二月二十七日に、意次の謹慎が解除される。翌七年元日の年賀の式には江戸城に登城し、家斉への拝謁を許された。意次が表舞台に再び出ることは何の支障もなくなっていた。

既に二万石の減封という形で政治責任をとったからには、これ以上の処罰はないと思っていただろう。復権の可能性さえもあったのだが、その後の政変により、意次の政治生命は完全に絶たれるのである。

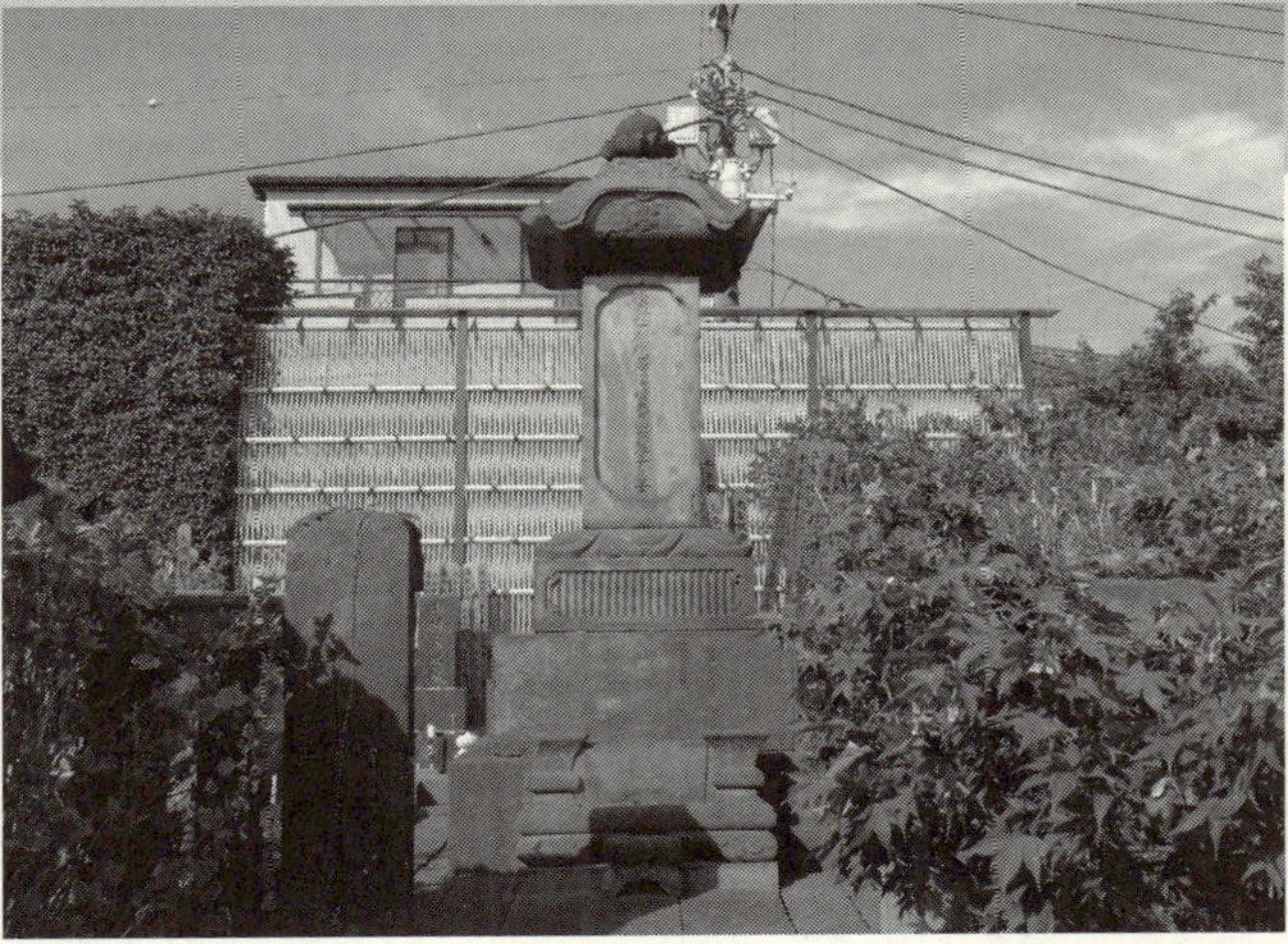

東京都豊島区の勝林寺にある田沼意次の墓
写真：イメージマート

第6章

失脚後の意次と田沼家
――失意の晩年

1 意次失脚後の政争

激化する権力争い

家治の急逝そして意次の失脚により田沼時代は終焉を迎え、政局は大きく動こうとしていた。新将軍となる家斉はまだ若年であり、御三家と御三卿が後見役のような形で幕府を支えた。

だが、意次の政治に強い不満を抱く御三家が老中人事にも介入したことで、幕閣との間で激しい政争が展開される。

意次の処罰を申し入れた天明六年（一七八六）十月二十三日に、御三家は老中首座松平康福の罷免と、奏者番を勤める山形藩主秋元永朝《つねとも》の老中登用も申し入れていた。ちなみに、在任期間が一番長い老中が首座となるのが慣例だった。

康福の罷免要求は、意次の縁者だったことを問題視したのだろう。康福は意次と絶縁して保身を図ったが、その失脚まで田沼派のトップであったことを御三家は看過できず、罷免するよう幕閣に求めた。

そして、自分たちの考えが幕政に反映されることを狙って、永朝を老中として送り込もうと目論む。御三家の代弁者として幕閣内で立ち回らせようとした。

幕閣は御三家からの申し入れに対し、トカゲのしっぽ切りのような形で意次の処罰は受け入れたものの、康福の罷免と永朝の起用は拒否する。家斉付だった西丸老中の鳥居忠意を本丸に転任させることで、意次辞職に伴う老中の欠員を補充した。

家斉実父一橋治済の暗躍

後見役を勤めたのは御三家だけではない。御三卿のうち一橋治済と清水重好も家治から後事を託されていたが、重好が御三家のように幕閣に意見することはなかった。治済も同じであった。

治済については家斉の実父である以上、その治世に関心があったのはいうまでもない。だが、将軍の実父であることを楯に、政務や人事に介入してくることを幕閣は非常に警戒した。治済も幕閣の警戒心はわかっており、何事であれ意見を申し入れることは極力自粛していた。

表立って動けなかった治済は御三家との連携を模索する。自分の考えを御三家の意見として、幕閣に申し入れようと図った。自分は前面に立たず、いわば黒幕として御三家をコントロールすることで、自分の考えを幕政に反映させようとしたのである。

御三家が意次の処罰などを幕閣に申し入れた翌日にあたる十月二十四日、治済は意次の政治を強く批判する書状を御三家に送った。下々の難儀を厭わない施政を批判するとともに、役人の人事も器量ではなく賄賂で決まる風潮を糾弾していた。要するに、御三家と同様のスタンスだった。

続けて、このような風潮は黙視できない。享保改革を模範として万民が帰服する政治を幕府に行わせるため、実直で才能のある人物を老中に登用させる。その後、賢明な人物を追々取り立てていく。ただし、老中に昇進する資格のある役職を勤める者に適当な候補者がいないため、役職に就いていない譜代大名のなかで、評判が良く、実直で才能のある人物に老中を勤めさせたい。意中の大名もいると伝えた。

治済にとり、意次は家斉を世子の座に就けてくれた恩人であったものの、当時は批判的な姿勢をとっていたことがわかる。意次の失脚をこれ幸いとして、来たる家斉の時代では意次の影響力を排除しようと考えたのだろう。意次の排除という点では、御三家と思惑が一致していた。

秋元永朝を老中に推挙していた御三家は、治済の書状を受け、意中の大名の名を知らせてほしいと依頼した。閏十月六日、治済は御三家に老中にふさわしいと考える譜代大名の名を伝える。白河藩主松平定信、小浜藩主酒井忠実《ただみつ》、大垣藩主戸田氏教《うじのり》の三人だが、なかでも定信を強く推していた。三人の名を挙げたものの、治済の本命は寛政改革の代名詞となる定信だったのである。

将軍継嗣レースからの脱落

宝暦八年（一七五八）十二月二十七日、定信は田安家初代当主宗武の七男として生まれた。意次よりも三十九歳年下にあたる。

吉宗の孫にあたる定信は将軍の座に就くことも夢ではなかったが、安永三年（一七七四）三月に人生の転機が訪れる。譜代大名の白河藩主松平定邦の養子に迎えられたのだ。徳川一門から養子を迎えることで白河藩（十一万石）の家格を上昇させたい目論見が定邦にはあった。

定信に先立ち、兄の定国が伊予松山藩主松平定静の養子に迎えられていた。これにより、松山藩は江戸城における藩主の殿席（控えの部屋）が帝鑑間《ていかんのま》から溜間《たまりのま》に昇格する。江戸城の殿席は大名の家格を視覚化するものになっており、大名はその昇格を勝ち取るためには、幕閣への多額の賄賂も厭わなかった。

溜間は江戸城における最高の部屋とされ、彦根藩井伊家・会津藩松平家・高松藩松平家の三家が代々の溜間詰（常溜《じょうだまり》という）の家だった。この三家のほか、歴代のうちに溜間詰への昇格が可能とされた家（飛溜《とびだまり》という）もあった。そのひとつである松山藩松平家は将軍候補者を出せる御三卿の田安家から養子を迎えることで溜間詰に昇格したため、松山藩の分家にあたる白河藩は刺激を受ける。

会津・高松藩を除けば有力譜代大名で占められた溜間詰の大名は幕府の最高顧問として将軍からの諮問に答えるほか、老中に意見することができた。儀式以外の日にも定期的に登城して溜間に詰めることで隠然とした政治力を発揮したため、帝鑑間から溜間詰への昇格を望む譜代大名は少なくなかった。

藩主の定邦もその一人であり、松山藩にならって白河藩も溜間詰に昇格することを望む。同じく田安家から養子を迎えようと考えて定信に白羽の矢を立て、将軍の信任が厚かった意次に働きかける。その結果、田安家の反対を押し切り、定信を養子に迎えることに成功した。

ところが、同年八月に田安家当主の兄治察が死去する。治察には跡継ぎがおらず、相続者が絶えた田安家では弟の定信を白河藩から戻したいと幕府に願い出るも、その願いは認められなかった。当主不在の状態がしばらく続くことになった田安家は、将軍継嗣レースから脱落する。

その後、家治は嫡男家基の急逝を受け、治済の長男家斉を養子に迎えることを決める。これに尽力したのが意次だった。なお、家治、定信、治済はいずれも吉宗の孫にあたり、いとこ同士の関係にあった。

幕政進出を狙う白河藩主松平定信

実家の田安家に戻れなかった定信は、天明三年（一七八三）に松平家の家督を継いで藩主の座に就く。二十六歳の時である。

折しも、天明の大飢饉により米価が高騰し、東北各地では餓死者が続出した。だが、定信が藩主を勤める白河藩では餓死者を一人も出さなかった。そのため、定信は名君としての評判を得る。

その後、定信は幕政への参画を志すが、意次には激しい敵意を抱いていた。自分にとっては敵でもある盗賊同然の存在で、殺意まで抱いたと吐露したぐらいだった。その裏には、田安家に戻って当主となっていれば、将軍継嗣候補として十一代将軍の座も夢ではなかったという思いがあったことは否めない。定信からすれば、その夢を砕いたのは意次なのである。

将軍の座に就くことを諦めて白河藩主となった定信は、参勤交代で江戸に在勤している間、意次の屋敷に頻繁に通っている。白河藩を溜間詰の家格に昇格させたい養父定邦の願いを果たすためであった。

単に請願したのではなく、裏工作が付随した。意次の用人たちに金品を贈ったのだ。贈り先は意次だけでなく、同列の老中など幕府の要人たちにも及んだだろう。将軍への影響力を持つ大奥も例外ではない。

その結果、天明五年（一七八五）十二月に幕府は定信に対し、江戸城登城の際には溜間に詰めることを許した。将軍に拝謁する際の部屋（礼席という）も年始・八朔・五節句の時は白書院となり、溜間詰の大名と同じ処遇となる。ただし、これは定信が田安家の出身であるため、その一代に限って認められた昇格に過ぎず、白河藩の家格が昇格したわけではなかった（高澤憲治『人物叢書　松平定信』吉川弘文館）。

帝鑑間から溜間詰の大名に昇格したことで、定信は将軍の諮問に応えたり、老中に意見したりできる立場となった。幕政進出への第一歩となるが、翌六年閏十月の意次失脚を受け、今度は治済バックアップのもと老中の座を目指したのである。

定信擁立運動の頓挫

治済はいとこの定信を老中として幕閣に送り込むことで、自分の代弁者として立ち回らせようと図った。幕政進出を志す定信にとっても治済のバックアップは渡りに船だった。一橋家と田安家が手を結んだ格好である。その裏では、治済の子に当主不在の田安家を相続させることに定信が同意していた。このことも、治済が定信をバックアップした理由になったのだろう。

定信を老中に推挙したいという治済の希望を知った御三家は、かねて評判の良い人物と聞いているとして、幕閣に推薦することを決める。治済の目論見どおり事態は進行していくが、御三家をコントロールする一方で、中奥を取り仕切る御側御用取次を通じての裏工作も進めていた。

当時は横田準松《のりとし》、本郷泰行、田沼意致、小笠原信喜《のぶよし》の四人が御側御用取次を勤めていた。治済が密かに連絡を取ったのは信喜である。意致と信喜は家斉が西丸にいた時より御用取次を勤めたが、将軍就任に伴い本丸で御用取次を勤めることになった。両人とも家斉を通じて治済との関係は深かったのだが、意次排除に転じた以上、甥の意致とは距離を置かざるを得ず、信喜が自分の目論見どおり動いてくれることを期待した。

治済は信喜に加え、自派に引き込んだ大奥の御年寄大崎と同高橋を通じて定信登用の件を老中の評議にかけようと目論むも、この二つは裏ルートだった。表のルートとしては、御三家に定信の老中起用を申し入れさせたのである。

天明六年十二月十五日、御三家は幕閣に対して、定信を老中に推挙する旨を伝えた。だが、翌七年（一七八七）二月二十八日、幕閣は定信の登用を拒否し、老中人事への介入は今回も失敗に終わる。

その表向きの理由は、将軍の縁者は重職には就けないという家重の時に決められた内規に該当するからであった。定信の妹種姫は家治の養女であり、家治の養子に迎えられた家斉とは姉弟の関係だった。よって、将軍の縁者にあたる定信は内規により重職の老中には就けないことになる。

よって、治済は御三家をして、将軍の縁者とは外戚のことであり、今回の定信のケースは家重の内規には該当しない。四代将軍家綱の時に、叔父の会津藩主保科正之が将軍補佐役を勤めた例にあたると反論させている。

しかし、大奥の御年寄のうち高岳や滝川は、治済に取り込まれた御年寄の大崎や高橋とは異なり、家重の内規を楯に定信の起用に反対した。奥兼帯の老中水野忠友、四人の御側御用取次のなかで最も権勢をふるった横田準松も反対であった。

家斉自身は父治済の意向もあったためか、定信の起用に反対ではなかったが、何の役職も経験していない定信を老中にいきなり抜擢するのは無理筋だったかもしれない。

こうした反対論を追い風に、老中人事への介入に反発する幕閣は定信の起用を拒否した。

三月七日には御三家に対抗するかのように、寺社奉行の福山藩主阿部正倫《まさとも》を老中に昇格させる。御三家と治済による定信擁立運動は頓挫した。

だが、五月に入ると、事態を一変させる大事件が起きる。潰えたかに思えた定信の老中就任もみえてくるのである。

2　政権交代を実現した江戸の打ちこわし

江戸の米価高騰と幕府の無策

定信の老中起用をめぐって御三家・治済と幕閣の間で政争が展開されていた頃、江戸では天明六年七月以来の米価高騰が収まらなかった。印旛沼干拓工事を中止に追い込んだ関東を襲った大洪水がきっかけだったが、翌七年に入っても事態は好転しなかった。

五月になると米価はさらに高騰し、天明四年以来の不穏な空気が江戸市中に再び満ちはじめる。この状況を受けて、三井や白木屋などの豪商は、店に出入りする商人や職人たち、所有する町屋敷に借地人として居住する町人たちに銭を配り、その生活を援助した。

同十五日、米騒動の危機を感じた幕府は、大坂城の備蓄籾《もみ》十四万石のうち七万石を江戸に送るよう大坂城代に命じた。会津・白河・二本松・越後高田藩の四藩に対しても、各居城に備蓄させていた城詰米の江戸廻送を命じる。

しかし、城詰米が江戸に到着する前に、大規模な米騒動が起きてしまう。

五月上旬の江戸の米価は、小売米が銭百文につき四合から四合五夕《しゃく》だったが、十六〜十七日頃になると三合にまで高騰する。というよりも、小売りの米屋の多くは米が手に入らず、休業に追い込まれた。そのため、十八日に入ると米が買えなくなり、町人たちは飢えに苦しむ。市中は騒然とした状況に陥った。

小売りの米屋が米を入手できなかったのは、米問屋が米の買い占めや売り惜しみを行っただけでなく、米穀商売以外の者たちも同じく米の買い占めに走ったことが大きい。同じく米価を釣り上げて暴利をむさぼろうとしたのだ。小売りの米屋にしても、買い占めや売り惜しみの行為に走る者が少なくなかった。

十八日、江戸の町を預かる名主たちはこの状況を危険視し、御救米の支給を町奉行所に嘆願したが、町奉行所は町人たちの願いを認めなかった。翌十九日、江戸の町に対して大豆の値段の引き下げを命じるとともに、米の代わりに大豆を主食とするよう督励しただけだった。

よって、市中の状況は急激に悪化する。この時、御救米の支給を開始していれば、以下みていくような事態は防げたかもしれない。

米問屋や他の商売の者たちが米穀の買い占めや売り惜しみに走ったことで米価高騰に拍車がかかり、飢えに苦しむ町人が続出したのは江戸だけではない。大坂などの都市も事情は同じだった。だが、幕府が御救米の支給など実効ある対応策をとることはなく、町人たちの怒りが爆発するのは時間の問題となる。

五月十二日、大坂の町で買い占めや売り惜しみに走った米問屋などの家宅や蔵が大勢の窮民により壊された。打ちこわされた米問屋や米屋の数は計二百軒近くにも及んだ。

この大坂での米騒動が飛び火する形で、以後、全国各地の都市で米問屋などが打ちこわされていく。幕府直轄都市、大藩の城下町、主要港町で連鎖的に打ちこわしが起きた。旗本の森山孝盛《たかもり》はこの状況を指して、「同時之諸国騒動」と表現している。いわゆる、天明の打ちこわしが勃発したのである。

無政府状態となった江戸

江戸が全国的な打ちこわしの波に呑まれたのは二十日のことである。それ以前から、米屋などへの打ちこわしは散発的に起きていたが、二十日夜より、赤坂一帯で米価を釣り上げた米問屋などの家宅や蔵が壊された。その数は二十三軒に及んだ。以後、打ちこわしは山の手地域から街道沿いへ、さらには江戸郊外の在方や宿場町へと広がった。千軒前後が打ちこわされたと推定されている。

米問屋や小売りの米屋のほか、米の買い占めに走った綿問屋・古着屋・紙屋・薬屋など米穀商売以外の商人も多数打ちこわされた。この大規模な米騒動を受け、江戸の町のなかには自衛のため木戸を閉鎖したり、防備のため多数の人足を雇ったりする事例がみられた。

ところが市中取り締まりを任務とする町奉行所は、米騒動が広範囲に及んだこともあり、何ら有効的な対策をとれなかった。鎮撫のため、奉行が与力・同心を率いて騒動の現場に出向くことはあったものの、多勢に無勢であり、手をこまねくばかりだった。打ちこわしの現場に飛び込んで捕縛することもなく、打ちこわしに乗じて盗みに及んだ者の捕縛にとどまった。

町奉行所の手に負えない事態へと発展したことを受け、幕府は長谷川平蔵たち先手《さきて》頭《がしら》十名に市中取り締まりを命じた。二十三日のことである。

先手頭には先手弓頭と先手鉄砲頭の二つがあった。戦時は弓組あるいは鉄砲組を率いて先陣を務め、平時は城門の警備にあたった。弓組が八組、鉄砲組が二十組で、各組に与力六～十騎、同心三十～五十人が属した。

平蔵たち先手頭には、手に余れば切り捨てることも認めた。幕府はそれだけの非常事態と認識していたが、米騒動の現場で打ちこわしに加わった者を捕らえたのは先手組十組のうち二組だけで、残り八組は市中を昼夜巡回するのみだった。

結局のところ、米騒動が自然と鎮静化するのを待つしかなかった。数日間、江戸は一種の無政府状態に陥る。

必死の対応で落ち着きを取り戻す

事ここに至って、幕府は必死の対応をとりはじめる。長谷川平蔵たちに市中取り締まりを命じた同じ二十三日、御救金の支給を開始すると江戸の町に通達した。対象者を三十六万二千人と見積もり、一人につき米一升分の代金として銀三匁二分ずつを支給することになった。

翌二十四日には御救米の支給も決まる。一人につき米二分の割合で、対象者は七千人だった。米・大豆を代金後払いで三合二夕ずつ売り渡すことも決まる。

その効果なのかは定かではないが、事態はようやく鎮静化に向かう。というよりも、窮民による打ちこわしを恐れて、米の買い占めや売り惜しみに走った者たちが買い占めをやめたり、米の販売を再開したりしたことが大きかったのだろう。

この後も、幕府は米穀販売を督励し、囲米《かこいまい》の禁止などを通達した。さらに、関東郡代の伊奈忠尊《ただたか》に対して江戸の町方救済にあたるよう命じ、二十万両を下げ渡した。忠尊はこの二十万両をもって時価を大幅に上回る価格で米穀を買い付け、御救米として江戸の町に支給している（安藤優一郎『寛政改革の都市政策』）。

こうして、江戸の町は落ち着きを取り戻していくが、今回の江戸の米騒動は思わぬ政治的効果をもたらす。三月以来頓挫していた定信の擁立運動が、一気に進展したのである。

御庭番の報告が政変の引き金となる

将軍のお膝元での米騒動、さらには数日間、江戸が無政府状態に陥ったことは幕府に強い衝撃を与える。将軍家斉も市中が騒然となった状況は耳にしていた。中奥の側近団か大奥を取り仕切る御年寄から聞いたのだろう。

江戸の町の異変に接した家斉は御側御用取次を勤める横田準松に真偽を確かめるが、準松は平穏無事であると申し立てるのみだった。その意図はよくわからないが、準松は将軍の側近として、かつての意次のようなポジションにあった。

当時は飛ぶ鳥を落とす勢いという評判で、五月一日には三千石を加増されたばかりだった。家斉の信任も厚かったようだ。

御庭番の起源は、吉宗が紀州藩主から将軍職を継いだ時に二百人以上の紀州藩士が幕臣団に編入されたことにはじまる。そのうちの十七人（家）が御庭番を代々勤める家柄と位置付けられた。後に九家増え、二十六家となる。

普段、御庭番は大奥内の広敷向に詰めた。広敷向は大奥で唯一男性役人が勤務する空間である。夜は天守台近くの御庭御番所で宿直《とのい》に就いた。火事などが起きた時は、拍子木を打って異変を知らせた。

だが、これは表向きの顔で、将軍側近衆のトップである御側御用取次を介して隠密御用を勤めることが本来の役目だった。幕府役人の風聞に加え、世間の噂をその虚実にかかわらず「風聞書」として報告するよう命じられた。風聞書は御側御用取次を介して将軍に提出された。隠密御用は江戸にとどまらず遠国にも及んだ。

将軍は御庭番から得た情報を幕政に反映させたが、提出される風聞書では役人の不正が弾劾《だんがい》されることもあった。その処分を求めることまであり、役人にとっては脅威だった。実際、御庭番が作成した風聞書により、役職を罷免された事例もあったのは以下みていくとおりである（深井雅海『江戸城御庭番　徳川将軍の耳と目』中公新書）。

今回江戸で起きた打ちこわしについて、当然ながら御庭番は探索を行っている。風聞書という形で御側御用取次に報告した。仮に横田準松が受け取ったならば握り潰し、家斉には提出しなかっただろう。受け取ったのが治済とつながる小笠原信喜だったことが、準松にとっては命取りとなる。

信喜を介して提出された打ちこわしに関する風聞書に目を通した家斉は、事実が伝えられなかったことを知って激怒する。信頼を裏切られたというわけだ。

五月二十九日、打ちこわしの事実を正確に伝えなかった責任を問われ、飛ぶ鳥を落とす勢いだった準松は罷免される。御庭番の風聞書は準松の失脚という思わぬ政治的効果をもたらした。政変のはじまりであった。

準松は定信の老中起用に強硬に反対した人物だった。幕閣と同じく、御三家が老中人事にまで介入してきたことに不快感を抱いたのだろう。一方、御三家と連携する治済はその解任を目論んだが、手の打ちようがなく苦慮していた。

そうしたなか、準松が御庭番の風聞書をめぐって家斉の逆鱗に触れたことで、事態は急展開を遂げる。その罷免により定信の老中就任を妨げる最大の障害が取り除かれたことで、風向きが一気に変わった。

幕閣や大奥の反対論は勢いを失い、定信の老中起用は時間の問題となった。家斉自身も定信の老中起用に異論はなかったことは先に述べたとおりである。

老中松平定信の誕生

御庭番が提出した打ちこわしの風聞書は、横田準松の罷免をもたらしただけではない。打ちこわしを招いた町奉行の不手際も指摘していたからだ。御救米の支給を求める町方からの嘆願を受け入れなかったことが問題視されたのだろう。多勢に無勢とはいえ、打ちこわしの現場に飛び込むこともなかった。

六月一日、北町奉行の曲淵景漸は西丸留守居役に転任した。これは花形ポストから閑職への異動つまり左遷であり、打ちこわし勃発の責任をとらされたのは明らかだった。後任の北町奉行には、治済の推薦を受けて寄合の石河《いしこ》政武《まさたけ》が任命される。寄合とは三千石以上の旗本で役職に就いていない者を指す。

そして同十九日、定信は老中に起用される。後ろ盾となっていた御三家・治済の要望により、新任にもかかわらず、老中上座つまり首座となった。大老井伊直幸がいたものの、失脚した意次との縁故で大老の座に就いたため実権はなく、定信が幕閣の中心に座ることになる。松平定信政権の誕生である。

定信政権誕生までの経緯を振り返ると、江戸の打ちこわし、そして家斉に提出された御庭番の報告が政変、すなわち意次から定信への政権交代の引き金となった。ちょうど三十歳の定信は、祖父吉宗の享保改革にならい、寛政改革をスタートさせる。

定信が最初に手を付けた人事は、意次も長く勤めた御側御用取次であった。江戸で打ちこわしが起きた五月二十日時点では四人いたが、二十四日に本郷泰行が病のため免職となり、二十八日には田沼意致も同じく病のため免職となった。翌二十九日に横田準松が罷免されたため、当時は小笠原信喜一人だけだった。

そのため、定信は老中就任から七日後にあたる二十六日に、「信友」と称していた大番頭で伊勢八田藩主の加納久周《ひさのり》を御側御用取次上座に登用した。中奥を掌握しようとしたのである。

七月六日には水野忠友とともに勝手掛を兼務し、幕府の財政も握った。翌八年三月には、保科正之の前例にならって将軍補佐役も兼ねる。御三家・治済によるバックアップのもと、寛政改革断行のための権力基盤は著しく強化されていく。

3　意次の死とその後の田沼家

政治生命を完全に絶たれる

江戸市中を震撼させた打ちこわしを境に、田沼時代は名実ともに終焉を迎えて寛政改革がはじまるが、この政権交代は失脚した意次の運命を決定付ける。自分を敵視する人物が老中に起用され、幕府のトップに立ったことは大きかった。

前年の天明六年閏十月に二万石の減封と謹慎を命じられたものの、同年十二月に謹慎は解除済みだった。だが、意次の政治を批判する御三家や将軍家斉実父一橋治済をバックに定信が幕政のトップに立ったことで、その政治的思惑のもと、さらなる処罰が避けられない形勢となる。打ちこわし直後、甥の田沼意致が家斉の御側御用取次を免ぜられたことも大きかっただろう。

同七年十月二日、意次の名代として意致と大目付の松浦信程《のぶきよ》が登城した。老中牧野貞長は両人に対し、老中在職中の不正を理由として、所領二万七千石の没収、隠居、下屋敷での蟄居謹慎を申し渡した。

前回（天明六年閏十月）の処罰では、将軍家治のかねての思し召しがその理由とされたが、具体的な罪状は何も示されなかった。だが、今回の申渡しでは在職中の不正が将軍家斉の耳に達し、重々不埒であると幕府は断じた。意次の不正については先代家治の耳にも達し、二万石減封と謹慎の御沙汰も下ったと明記され、前回の処罰も在職中の不正が理由とされた。よって、二万七千石の没収という再度の減封、隠居、下屋敷での蟄居、再びの謹慎を申し渡すという趣旨であった。

一代にして六百石の旗本から五万七千石の大名に成り上がった意次は、再度の減封によって一万石の大名に転落してしまう。大名としての身上はかろうじて保ったものの、隠居を命じられたことで意次の政治生命は完全に絶たれた。

意次厳罰の裏側

大名は上屋敷、中屋敷、下屋敷の三種類の屋敷を幕府から拝領している。上屋敷は大名の当主が住む屋敷であり、登城の便が考慮されて江戸城の周囲で下賜された。中屋敷は世継ぎや隠居した大名が住む屋敷で、登城義務がなかったため上屋敷よりも江戸城から離れた場所で下賜された。下屋敷は別荘・倉庫・避難所として活用された屋敷で、中屋敷よりも江戸城から離れた場所で下賜された。

単に隠居ならば中屋敷での居住となるが、意次は蟄居謹慎も命じられていた。処罰の対象となった以上、中屋敷に住むことは許されず、下屋敷での蟄居謹慎となったのである。

嫡男意知が不慮の死を遂げていたため、意次の隠居により田沼家の家督は孫の意明（意知の長男）が相続した。そして、相良領は相良城とともに没収され、陸奥国信夫郡と越後国頸城《くびき》郡で改めて一万石を与えられた。事実上の改易処分だったが、同時に陸奥で一万石を与えたことで、減封のうえ、転封の処分を受けた形になっている。

幕府が大名家としての存続を田沼家に許したのは、意次の処罰をあまりに厳しいものにすると、大名に取り立てた家重、老中として重用した家治の眼力に問題があったことを幕府自身が認めたと受け取られるのを恐れたからだろう。大名としての身上を維持させることで、その落とし所とした。

これにより、田沼家は城持大名ではなくなり、信夫郡下村（現福島県福島市）で陣屋を構える大名となった。陣屋には城のシンボルたる櫓などはなかったが、広大な屋敷の周りが石垣や塀、堀で囲まれていた。

家重や家治への配慮を施したうえで、意次にさらなる処罰を断行した背景には、江戸の打ちこわしで噴出した不満を鎮静化させるとともに、田沼時代に代わる新時代の到来を世間に認識させたい定信の政治的思惑があった。さもないと、今度は自分が世間の批判の矢面に立たされ、意次のように失脚に追い込まれることを危惧していた。

そのためには、意次の政治がいかに悪政であったかをアピールする必要が、定信にはあった。意次へのバッシングにより世間の不満の矛先を自分からそらし、その溜飲が下がることを狙った。併せて、意次に代わって幕府のトップに立った自分への期待度が高まることも大いに期待した。

天明七年十月の追罰とは、世論の誘導を狙ったものだったのである。

吉宗が善で、意次が悪

一方、世間は定信の登場をどのように受け止めたのか。次のような落首が流布したことが知られている。

る。

田や沼や　よごれた御世を　改めて
清くぞすめる　白河の水

意次のため乱れた世の中が、「白河」つまり白河藩主の定信が幕政のトップに立ったことで刷新されたという内容である。『後見草』の著者杉田玄白なども、この世はどうなってしまうのかと日夜案じていたが、逢い難いと思っていた世に再び逢えたことは嬉しいと書き記している。意次との対比で、定信の登場を歓迎していた様子がわかる。

定信が老中に就任した直後、世間の期待度は非常に高かった。それまでの政治に対する不満がいかに大きかったかがわかる。政治が刷新されるのではという期待から、幕臣や民間から政治に関する上書（意見書）も数多く提出された。

なかでも、天明七年七月に小普請組の旗本植崎《うえざき》九八郎《くはちろう》が提出した上書は、運上金の中止や銭相場の引き上げの提案など、その内容は多岐にわたった。当時の世評では一番の上書と評価されている。

定信は、そんな世間の期待に応えるスタンスをとることで支持を集めようと目論む。それには世間の批判を浴びた意次へのバッシングが有効的だった。意次の政治を全否定することで自身への期待度が高まることが予想できたからだ。意次の追罰とはその一環に他ならなかった。

定信を擁立した御三家などは、今回の米騒動は意次の政治が良くないために起きたのであり、享保改革に象徴される吉宗の政治路線を踏襲していれば、このような政治や社会の混乱は起きなかったはずと考えていた。

定信もこの見解を支持し、吉宗を模範として寛政改革に着手する。吉宗が善で、意次が悪という図式であった。

意次の政策を踏襲した寛政改革

よって、改革政治に正当性を持たせるには吉宗にならうとともに、田沼時代との違いを演出する必要があった。意次は商業資本の力を活用することで財政難を克服しようと図るも、裏では商人による幕府役人への賄賂が横行したため、世間からは癒着しているとの批判を浴びた。

このことを念頭に、定信は田沼時代に認められた株仲間や運上・冥加金の徴収を廃止する姿勢を示す。だが、実際のところはポーズに過ぎなかった。廃止はごく一部にとどまったのが実情だった。

むしろ、田沼時代以上に商業資本と癒着することで、幕府の財政難を克服しようとしている。政策の実現に要する資金に事欠く以上、商人の資金力に頼らざるを得ない現状が背景にあった。その点でいうと、寛政改革は意次の政治との連続性が際立つ（竹内誠『寛政改革の研究』吉川弘文館）。

当初、世間からの支持は非常に高かった定信だが、寛政改革では田沼時代の否定という政治路線がとられたため、経済や社会の活性化をもたらした自由な雰囲気が槍玉に挙がる。江戸の社会に蔓延する緩い空気がその乱れを招いたという現状認識に基づき、引き締めが図られた。田沼時代は華やかで享楽的な時代であったため、風俗が華美となり、生活も贅沢なものになったという見立てである。

具体的には質素倹約と文武奨励の方針が強く打ち出された。だが、改革の名のもと社会の引き締めを図ったことで、その窮屈な政治に世間は息苦しさを感じはじめる。

そんな寛政改革を風刺した落首として、

白河の　清きに魚も　棲みかねて
もとの濁りの　田沼恋しき

はよく知られている。賄賂の横行により汚職がみられた意次の時代が恋しいほど、清廉潔白さを求めた定信の改革政治を息苦しく思う、名もない庶民たちの怨嗟の声だった。

失意の死

老中在職中の不正を理由に、所領二万七千石を没収され、隠居と下屋敷での蟄居謹慎を申し渡された意次だが、追罰は終わらなかった。とどめを刺すかのように、意次が築いた相良城の取り壊しが翌八年（一七八八）正月よりはじまる。

定信からすると、意次への追罰は政権の支持率が高まる効果が期待できたことから、意次が蓄えた金穀の没収とその賑給《しんきゅう》の案も検討されている。最終的に金穀の没収は取りやめとなり、その代替案として意次の象徴でもあった相良城取り壊しが浮上してくる。田沼時代の終わりを視覚化できることも狙ったのだろう。

相良城は安永九年（一七八〇）に落成したばかりだった。だが、十年も経たないうちにその姿を消すことになった。その年の二月に相良城の取り壊しは完了するが、意次が大きなダメージを受けたのは想像するにたやすい。

天明八年には幕閣の入れ替えも進んだ。二月二十九日に阿部正倫、三月二十八日に水野忠友、四月三日に松平康福など田沼派だった老中が辞職した。大老の井伊直幸は前年九月十一日に辞職していた。

老中は六名から三名となるも、四月四日に側用人で三河吉田藩主の松平信明《のぶあきら》が老中に登用される。信明は定信派の譜代大名で、二月二日に奏者番から側用人に抜擢されたばかりだった。ワンクッション置いて登用されている。

一連の定信の人事は御三家・治済に根回ししたうえで進めたものだが、三月四日に定信自身は将軍補佐役を兼務する。幕閣を入れ替えるとともに事実上の大老として幕府の大権を握った定信は、寛政改革を断行するための権力基盤を得た。

一方、意次は老中辞職、そして二度にわたる処罰に納得していたわけではない。処罰の理由として挙げられた老中在職中の不正についても、意次からすればまったく謂れのないことであった。

だが、頼みの綱だった家治はこの世におらず、幕府内に築いた田沼派の人脈も解体された。その主張が受け入れられる見込みはまったくなかった。悶々とした思いが溜まる一方だったろう。

同年七月二十四日、意次は蟄居謹慎の処分が解けないまま、失意のうちにこの世を去る。享年七十であった。

その後の田沼家

意次の跡を継いで下村藩主田沼家の当主となった孫の意明は、寛政八年（一七九六）九月に二十四歳で死去する。その後は弟の意壱《おきかず》や意信《おきのぶ》、意致（意次の甥）の子意定《おきさだ》が跡を継ぐが、相次いで早世してしまう。

よって、意次四男の意正《おきまさ》が跡を継いで五代目の下村藩主となる。文化元年（一八〇四）七月のことであった。かつて、水野忠友の養子に迎えられて忠徳と名乗ったものの、意次が老中を辞職した際、養子縁組を解消されて田沼家に戻されていた。

当時の幕閣だが、寛政五年（一七九三）七月に定信が失脚すると、松平信明が老中首座として幕府トップの座に就く。定信退任後も幕府の政策基調はしばらく変わらなかった。ところが、文化十四年（一八一七）八月に信明が死去すると、幕閣は大きく様変わりする。

家斉の側近で側用人を勤めていた水野忠成が奥勤めのまま老中格に抜擢され、翌文政元年八月には老中に昇格する。かつての意次と同じ道を歩むが、意正が田沼家に返された後、同族の旗本水野家から忠友の養子に迎えられたのが他ならぬ忠成だった。

意次が家治の信任を得て権力をふるったように、忠成は家斉の信任を得て権力をふるった。そして、同二年（一八一九）八月に意正を西丸の若年寄に抜擢する。西丸には将軍継嗣の家慶がおり、家慶付の若年寄として幕閣入りさせたのである。

六年（一八二三）七月には、意正を相良に転封し、一万石ながら相良藩田沼家を復活させる。ついで八年四月、西丸の側用人に昇進させた。家慶が将軍の座に就けば、その側近ナンバーワンとなる可能性を持つポジションであり、意正は意次と同じ道を歩みはじめる。

忠成が意正を引き立てた裏には、養父忠友が意次のお蔭で老中まで上りつめたにもかかわらず、その立場が弱くなると、意正との養子縁組を解消して関係を絶ったことへの複雑な思いがあったはずだ。意正の代わりに、自分が養子となったことへの引け目もあったかもしれない。

家慶が将軍の座に就く前に、意正は側用人を辞職したため、側用人を親子二代にわたって勤めることはなかった。だが、田沼家が忠成の配慮により相良藩主に復帰し、幕閣入りも果たしたことで、泉下の意次の憂憤は多少なりとも晴れたのではないだろうか。

エピローグ　改革者としての功罪

以上、財政難を背景に遂行された田沼時代の幕府政策の検討を通じて、今なお賄賂政治家のイメージが強い田沼意次の実像に迫った。

六百石ほどの小身旗本の家に生まれながら、意次が幕府トップの老中にまで上りつめて権勢をふるえたのは、その才覚もさることながら、時の将軍家治の絶大な信任を得たからである。老中のみならず側用人の顔も持ったことは大きかった。

本書で解き明かしたように、進取の気性に富む意次は、従来の慣例にとらわれず、自由な発想のもと幕政に臨んだ。幕府の経済・財政・金融政策の司令塔たる勘定所のアイデアを積極的に取り入れただけでなく、民間からの献策も次々と政策化する。民間の知恵と経済力を大いに活用することで、財政難を克服しようとした。年貢米に依存してきた幕府の財政構造の限界が背景にあった。

その政策は実に多岐にわたった。運上・冥加金の賦課対象の拡大に象徴されるように、商業活動への課税を強化する一方で、商品経済の発展を下支えしていた金融業に本格的に乗り出す。幕府公金を元手とした貸付の額を増やすことで利息収入をアップさせた。上方商人には御用金を賦課し、米価政策に必要な財源を確保した。単に歳入増を目指すのではなく、商品流通の活性化を狙って金貨・銀貨の統一を目指す南鐐二朱銀の鋳造に踏み切った。

輸入に依存していた産物の国産化も強力に推進した。朝鮮人参や砂糖が代表格だが、その裏には通貨の原料となる金銀の流出を防ぎたい狙いもあった。幕府が通貨の鋳造を独占していたため、国産化の強化は歳入のアップにも直結した。朝鮮人参や砂糖の国産化では民間から人材を登用し、試作にも当たらせた。前者では本草学者田村藍水の事例、後者では製糖法の伝授を許可した大師河原村名主池上幸豊の事例が挙げられる。

国内の金銀産出量の低迷に苦しむ幕府は鉱山の開発を民間に奨励した。平賀源内などはそれに応じて鉱山開発にのめり込んだひとりであった。民間の資本力に期待して金銀の採掘量のアップを図ったが、かたや銅や俵物の集荷を強化して輸出に充てることで、オランダや中国からは銀を輸入した。輸出用の銅を確保するため、幕府はとりわけ銅山の開発も奨励した。銅の需要増大を受けて鉄を銭貨の原料に代用したことで、鉄山の開発にも力を入れた。

民間の献策が政策化された事例としては、工藤平助が提出した『赤蝦夷風説考』を意次が読んだことで企画された蝦夷地開発計画、そして印旛沼干拓計画が挙げられる。両計画は勘定所が主管した新規事業であり、前者では調査団が派遣され、鉱山開発やロシア貿易の可能性も検討された。後者では江戸・大坂の豪商による資金協力を取り付けた。蝦夷地開発では約百十一万六千四百町歩、印旛沼干拓では三千九百町歩の新田誕生が想定されたが、意次の失脚などもあり陽の目をみることはなかった。

多岐にわたる政策を遂行することで幕府財政の構造改革を目指した意次は、紛れもなく改革政治家であった。だが、歳入アップをもたらした半面、当該政策により不利益を被る人々の反発を招き、都市や農村に混乱を巻き起こしたのも事実である。全国御用金令では諸大名の反発も浴びて撤回を余儀なくされるが、折しも頼みの綱の家治が重篤の状態に陥ったことで、その政治責任を追及され、老中辞職、そして失脚に追い込まれる。

失脚後、意次は賄賂政治家としてのイメージが定着していく。民間の知恵や経済力に依存する意次の政治スタンスに利権を見出した商人がその家臣たちに賄賂を贈り、政治の腐敗が進行したことで、賄賂政治家として糾弾される格好の材料を反田沼勢力に与えてしまう。意次の政治を悪政とアピールしたい松平定信や、意次を成り上がり者として敵視する幕臣たちから猛バッシングを受けた結果、そのイメージが定着する。
しかし、定信が断行した寛政改革は意次の政治との連続性が顕著だった。定信はその政治を強く批判する一方で巧みに踏襲したのであり、意次が時代の先をみた政策を遂行したことは奇しくも寛政改革が証明した格好であった。意次の政治が本質的には寛政改革と同じである以上、定信が改革政治家ならば、意次にも同様の評価を与えなければならないのである。

本書執筆にあたっては、前著『15の街道からよむ日本史』に続いて日経ＢＰの網野一憲氏のお世話になりました。末尾ながら、深く感謝いたします。

二〇二四年九月

安藤優一郎

田沼意次関係年表

年	年齢	事項
享保四年（一七一九）	一歳	旗本田沼意行の長男として江戸で生まれる。
享保一九年（一七三四）	一六歳	三／一三、将軍吉宗世子家重の小姓に取り立てられる。一二／一八、父意行死去。
享保二〇年（一七三五）	一七歳	三／四、田沼家の家督を相続。禄高は六〇〇石。
元文二年（一七三七）	一九歳	一二／一六、従五位下主殿頭に叙任される。
延享二年（一七四五）	二七歳	九／二五、家重の将軍就任に先立ち、本丸勤めとなる。一一／二、家重に将軍宣下。
延享三年（一七四六）	二八歳	七／二二、小姓頭取に昇任。
延享四年（一七四七）	二九歳	九／一五、小姓組番頭格の御側御用取次見習に抜擢される。
寛延元年（一七四八）	三〇歳	閏一〇／一、小姓組番頭兼御側御用取次見習となる。一四〇〇石が加増されて二〇〇〇石となる。
宝暦元年（一七五一）	三三歳	七／二八、御側御用取次に昇格。
宝暦五年（一七五五）	三七歳	九／一九、三〇〇〇石が加増されて五〇〇〇石となる。
宝暦八年（一七五八）	四〇歳	九／三、五〇〇〇石が加増されて相良一万石の大名となる。家重の特命により、評定所での郡上一揆の吟味に関与する。

宝暦一〇年（一七六〇）	四二歳	一月、大坂菜種・綿実問屋に株仲間結成を認可。五／一三、家重、将軍職を退く。九／二、家治に将軍宣下。御側御用取次に留任。
宝暦一一年（一七六一）	四三歳	六／一二、家重死去。一二月、大坂の豪商に買米資金として御用金の出金を命じる。
宝暦一二年（一七六二）	四四歳	二／一五、五〇〇〇石が加増されて一万五〇〇〇石となる。
宝暦一三年（一七六三）	四五歳	六／二四、町医師田村藍水、幕臣に取り立てられる。
明和元年（一七六四）	四六歳	閏一二／一六、中山道筋で増助郷免除を訴える一揆が勃発（伝馬騒動）。
明和三年（一七六六）	四八歳	六月、大坂に銅座設置。一一月、武蔵国橘樹郡大師河原村名主池上幸豊、意次の屋敷で砂糖製造を実演。
明和四年（一七六七）	四九歳	七／一、側用人に昇進。五〇〇〇石が加増されて二万石となる。相良に築城を許される。
明和五年（一七六八）	五〇歳	一月、大坂家質奥印差配所の設立を願い出た町人宅が打ちこわされる。
明和六年（一七六九）	五一歳	八／一八、奥兼帯老中格に昇進。五〇〇〇石が加増されて二万五〇〇〇石となる。
明和九（安永元）年（一七七二）	五四歳	一／一五、奥兼帯老中に昇格。五〇〇〇石が加増されて三万石となる。

安永六年（一七七七）	五九歳	四／二一、七〇〇〇石が加増されて三万七〇〇〇石となる。
安永八年（一七七九）	六一歳	二／二四、家治嫡男家基急逝。
天明元年（一七八一）	六三歳	閏五／二七、一橋治済長男豊千代（後の家斉）、将軍継嗣となる。七／一五、一万石が加増されて四万七〇〇〇石となる。八／九、上野で絹糸貫目改会所の設置を願い出た豪商・豪農宅が打ちこわされる。一二／一五、嫡男田沼意知、奏者番に抜擢。
天明三年（一七八三）	六五歳	七／七～八、浅間山大噴火。九／二〇、西上野で米穀の買い占めや売り惜しみに走った商人宅が打ちこわされる（上信騒動）。一一／一、意知、若年寄に昇進。
天明四年（一七八四）	六六歳	二／二八、武蔵国多摩郡で米穀の買い占めに走った豪商・豪農宅が打ちこわされる。三／二四、意知、江戸城中で新番佐野善左衛門に斬られる（二六日に死去）。
天明五年（一七八五）	六七歳	一／二九、一万石が加増されて五万七〇〇〇石となる。四／二九、幕府の蝦夷地調査団、調査開始。
天明六年（一七八六）	六八歳	六／二九、全国御用金令発令。七／一二、関東を大雨が襲う。八／二四、御用金令撤回、印旛沼干拓工事中止。八／二五、将軍家治死去。八／二七、病を理由に老中辞職。御側御用取次稲葉正明罷免。閏一〇／五、二万石の没収、謹慎など命じられ

天明七年（一七八七）	六九歳	る。勘定奉行松本秀持罷免。一二／二七、謹慎解除。四／一五、家斉に将軍宣下。五／二〇、江戸で米穀の買い占めや売り惜しみに走った商人宅が打ちこわされる。五／二九、御側御用取次横田準松罷免。六／一九、白河藩主松平定信、老中首座に就任。一〇／二、二万七〇〇〇石の没収、隠居、下屋敷での蟄居謹慎を命じられる。孫意明、一万石を賜り、陸奥国下村に転封。
天明八年（一七八八）	七〇歳	二月、相良城取り壊し完了。七／二四、意次死去。

参考文献

深井雅海『徳川将軍政治権力の研究』吉川弘文館、一九九一年
『相良町史』通史編上巻、一九九三年
瀧澤武雄・西脇康編『日本史小百科　貨幣』東京堂出版、一九九九年
安藤優一郎『寛政改革の都市政策　江戸の米価安定と飯米確保』校倉書房、二〇〇〇年
大石学『改訂新版　吉宗と享保の改革』東京堂出版、二〇〇一年
藤田覚『田沼意次　御不審を蒙ること、身に覚えなし』ミネルヴァ書房、二〇〇七年
竹内誠『寛政改革の研究』吉川弘文館、二〇〇九年
鈴木俊幸『新版　蔦屋重三郎』平凡社ライブラリー、二〇一二年
高澤憲治『人物叢書　松平定信』吉川弘文館、二〇一二年
安藤優一郎『お殿様の人事異動』日経プレミアシリーズ、二〇二〇年
安藤優一郎『徳川幕府の資金繰り』彩図社、二〇二一年

本書は、書き下ろしです。

日経ビジネス人文庫

田沼意次《たぬまおきつぐ》
汚名《おめい》を着《き》せられた改革者《かいかくしゃ》

2024年10月1日　第1刷発行

著者
安藤優一郎
あんどう・ゆういちろう

発行者
中川ヒロミ

発行
株式会社日経BP
日本経済新聞出版

発売
株式会社日経BPマーケティング
〒105-8308 東京都港区虎ノ門4-3-12

ブックデザイン
鈴木成一デザイン室＋ニマユマ

本文DTP
マーリンクレイン

印刷・製本
中央精版印刷

Printed in Japan　ISBN978-4-296-12018-5

nbb 好評既刊

徳川軍団に学ぶ組織論

小和田哲男＝監修
造事務所＝編著

家康に天下を獲らせ、幕藩体制300年の礎を築いた徳川家臣団とはいかなる組織だったのか。知将・猛将たちのエピソードから学ぶ。

渋沢栄一 人生とお金の教室

香取俊介
田中 渉

さあ、人生と富の話をしよう！ 実業家・渋沢栄一の直弟子となり夢を掴んだ少年のドラマから学ぶ、渋沢流マネジメント思考のエッセンス。

気候で読む日本史

田家 康

寒冷化や干ばつが引き起こす飢饉、疫病、戦争——。律令時代から近代まで、日本人が異常気象にどう立ち向かってきたかを描く異色作。

気候文明史

田家 康

地球温暖化は長い人類史の一コマにすぎない。氷河期から21世紀まで、8万年にわたる気候変化と人類の闘いを解明する文明史。

世界史を変えた異常気象

田家 康

インカ帝国滅亡、インド大飢饉、スターリングラードのドイツ敗北——。予想外の異常気象がいかに世界を変えたかを描く歴史科学読み物。